中国收益率曲线分析

Analyzing the Chinese Yield Curve

王浩 等著

清华大学出版社
北京

内 容 简 介

收益率曲线是固定收益分析的核心内容，也是资产定价的基础。随着我国债券市场的快速发展，收益率曲线分析已经成为重要的金融工具，被广泛地应用于宏观经济分析、债券投资、风险管理和衍生产品定价。《中国收益率曲线分析》结合所罗门兄弟公司的研究方法和 Black-Derman-Toy 等模型对我国收益率曲线进行了详细的分析。我们的发现有助于理解我国收益率曲线变化的驱动因素、其如何帮助我们发现交易机会和如何构建相应的交易策略，以及我国债券市场与美国债券市场的异同。书中的分析框架可以方便地对接其他模型和方法。从内容上看，本书是对远期收益率、久期和凸性、随机利率模型和国债期货等知识的拓展分析和应用。本书适用于金融从业人员、有一定固定收益基础的本科学生、金融专业硕士研究生和从事债券领域研究的博士研究生。

本书封面贴有清华大学出版社防伪标签，无标签者不得销售。
版权所有，侵权必究。举报：010-62782989，beiqinquan@tup.tsinghua.edu.cn。

图书在版编目 (CIP) 数据

中国收益率曲线分析 / 王浩等著 . —北京：清华大学出版社，2021.9（2022.6重印）
ISBN 978-7-302-57389-0

Ⅰ. ①中… Ⅱ. ①王… Ⅲ. ①国债—利息率—研究—中国 Ⅳ. ① F812.5

中国版本图书馆 CIP 数据核字 (2021) 第 022906 号

责任编辑：梁云慈
封面设计：何凤霞
版式设计：方加青
责任校对：王荣静
责任印制：朱雨萌

出版发行：清华大学出版社
　　　　　网　　址：http://www.tup.com.cn，http://www.wqbook.com
　　　　　地　　址：北京清华大学学研大厦 A 座　　　　邮　编：100084
　　　　　社 总 机：010-83470000　　　　　　　　　　邮　购：010-62786544
　　　　　投稿与读者服务：010-62776969，c-service@tup.tsinghua.edu.cn
　　　　　质 量 反 馈：010-62772015，zhiliang@tup.tsinghua.edu.cn
印 装 者：三河市金元印装有限公司
经　　销：全国新华书店
开　　本：165mm×238mm　　印　张：8.5　　插　页：1　　字　数：144 千字
版　　次：2021 年 11 月第 1 版　　印　次：2022 年 6 月第 2 次印刷
定　　价：98.00 元

产品编号：083230-01

《中国收益率曲线分析》著作团队

王　浩　周观平　董　阳　刘士达

以下以姓氏笔画为序：

丁　玥　刘　瑞　杨由之　汪程翀

周　锐　郭开源　韩彦如　谢　拓

前　言

在过去的二十年间，中国债券市场经历了快速发展，截至2020年8月，中国债券市场存量规模达到112万亿元人民币，成为全球第二大债券市场。2019年，中国债券纳入彭博巴克莱全球综合指数和摩根大通旗舰指数。富时世界国债指数也明确了将中国债券纳入的时间表。近年来，学界和业界也涌现出大量关于中国债券市场的研究，为市场发展和金融实践提供了有益的参考。

为什么要分析中国收益率曲线？首先，根据市场有效性，宏观经济和金融市场的信息会体现在收益率曲线及其变化之中，分析收益率曲线可以直接获取这些信息。通过这些信息产生的交易反过来会进一步促进市场有效性、提高收益率曲线的价格发现功能。更为重要的是，收益率曲线分析为我们提供了一个自洽的框架，这不但对宏观因素和市场分析等方法做出了补充，而且为进一步完善债券定价分析体系提供了基础。在本书中，我们使用所罗门兄弟公司和 Black-Derman-Toy 等收益率曲线模型探索分析了中国收益率曲线及其应用。我们尝试分析了收益率曲线与宏观经济的联系，及如何将其应用于债券投资、风险管理和国债期货隐含期权定价。我们从收益率曲线分析实践的角度探讨了深化利率市场化改革和完善固定收益产品体系。

本书包括七章。第1章"收益率曲线"作为序章概括地介绍了即期收益率与远期收益率的关系，以及决定远期收益率曲线的三大因素：市场预期、风险溢价和凸性偏差。作为背景知识，此章简单介绍了我国国债和利率市场。第2章"市场预期与远期收益率"从实证角度研究纯预期假说和风险溢价假说对收益率曲线变动的解释力度，并探究了远期收益率是否可以真实地反映市场预期，能否用其预测国债收益率的变化。第3章"收益率与风险"研究国债收益率及回报率与风险（久期、回报率波动率）之间的关系。第4章"凸性偏差与收益率曲线"着眼于凸性偏差，探讨凸性对收益率曲线及债券回报率的影响。第5章"中国国债收益率分解"将之前章节提及的单个因素整合起来，分解并研究中国收益率曲线的影响因素。第6章"预测债券超额回报率"建立了一个多因子模型来预测债券的长期超额回报率，根据预测结果设计动态投资策略，并对比其与静态策略的回报差异。第 7 章"国债期货交割期权定价"使用 Black-Derman-Toy 模型研究利用收益率曲线为国债期货的隐含期权定价。

  我们感谢清华大学五道口金融学院周皓教授和经济管理学院金融系张丽宏教授对本书的学术支持和建议。我们感谢钟源松、王晨瑜、张文虎和赖奕涵同学的助研工作，他们认真的态度保证了本书的研究质量。我们感谢清华大学经济管理学院和袁增梅老师、清华大学出版社和梁云慈老师、清华大学文科建设处和郭雅静老师在本书写作和出版过程中给予的支持。我们感谢国家社科基金和清华大学文科出版基金的支持。我们诚挚地欢迎读者的讨论和建议，疏漏之处，恳请批评指正。

著 者

2020 年 10 月

目 录

第1章　收益率曲线　/　1

1.1　即期收益率与远期收益率　/　1
1.2　纯预期假说、纯风险溢价假说与凸性价值　/　5
1.3　中国国债市场　/　10
1.4　我国贷款市场报价利率（LPR）　/　14

第2章　市场预期与远期收益率　/　16

2.1　纯预期假说和风险溢价假说概述　/　16
2.2　纯预期假说和风险溢价假说在中国债券市场的解释
　　　能力　/　18
2.3　稳健性检验　/　25
2.4　预测即期收益率的变化　/　32
2.5　结论　/　35

第3章　收益率与风险　/　37

3.1　引文　/　37
3.2　利率风险与收益率的关系　/　38
3.3　国债组合投资回报率与风险　/　42
3.4　结论　/　48

第4章　凸性偏差与收益率曲线　/　49

4.1　凸性的基本概念　/　49
4.2　凸性偏差对收益率曲线的影响　/　51
4.3　凸性对债券投资组合的影响　/　55
4.4　凸性与回报率的分解　/　61

4.5　结论　/　64

第 5 章　中国国债收益率分解　/　65

5.1　中国国债的远期利率　/　65
5.2　远期利率的分解　/　69
5.3　债券期望收益预测　/　76
5.4　结论　/　77

第 6 章　预测债券超额回报率　/　78

6.1　研究分析框架　/　78
6.2　变量构建与分析　/　79
6.3　投资策略分析　/　92
6.4　结论　/　104

第 7 章　国债期货交割期权定价　/　106

7.1　国债期货　/　106
7.2　BDT 模型　/　108
7.3　交割期权的实证研究　/　113
7.4　结论　/　123

参考文献　/　124

推荐阅读　/　125

第 1 章 收益率曲线

导语：本章作为序章概括地介绍了即期收益率与远期收益率的关系，以及决定远期收益率曲线的三大因素：市场预期、风险溢价和凸性偏差。市场预期假说意味着远期利率反映了市场对将来利率的预期。风险溢价假说反映了长期债券较短期债券承受了更高的利率和流动性风险，从而要求更高的回报率。凸性偏差假说描述债券的凸性导致了收益率曲线向下弯曲。之后的章节分别对上述因素进行具体的分析。作为背景知识，本章简单介绍了与我国国债和贷款市场相关的内容。

1.1 即期收益率与远期收益率

本节介绍如何计算即期收益率和远期收益率，以及两者之间的关系。本书的所有章节，除了特殊说明，只考虑无违约风险债券的收益率曲线及相应债券，例如国债即期收益率曲线、国债。

1.1.1 计算远期收益率

我们首先介绍即期收益率的概念和计算方法，然后介绍远期收益率的概念和计算方法。

即期收益率是单一未来现金流（例如无息债券）的贴现率。给定一个期限为 n 年，面值为 100 的无息债券的价格为 P_n，n 年期即期收益率 s_n 可以通过式（1-1）计算得出：

$$P_n = \frac{100}{(1+s_n)^n} \tag{1-1}$$

远期收益率是在今天信息下，任意未来两个日期之间的利率。这个利率可以通过远期合约确定，它也隐含在今天的即期收益率中。一个无息债券的贴现率（n 年期即期收益率）可以分解为一系列一年期远期收益率的乘积。也就是说，即期收益率是多个一年期远期收益率的几何平均[①]：

$$(1+s_n)^n = (1+f_{0,1})(1+f_{1,2})(1+f_{2,3})\cdots(1+f_{n-1,n}) \quad (1\text{-}2)$$

$f_{n-1,n}$ 为时间 n-1 到 n 的 1 年期远期收益率，其中 $f_{0,1}=s_1$。因此，如果已知即期收益率期限结构，我们就可以得到一个隐含的远期收益率期限结构。例如，如果 m 年期和 n 年期即期收益率已知，时间 m 到 n 的 n-m 年远期收益率 $f_{m,n}$ 可以通过式（1-3）来计算：

$$(1+f_{m,n})^{n-m} = \frac{(1+s_n)^n}{(1+s_m)^m} \quad (1\text{-}3)$$

表 1-1 的 A 列展示了我国 2019 年 3 月 5 日的不同期限的即期收益率（数据来源：WIND 数据库）。我们可以通过式（1-3）计算两种不同的远期收益率：B 列表示不同时间起点的一年期远期收益率；C 列表示隐含的一年后即期收益率。注意 B 列和 C 列中的收益率构成的曲线都可以称为远期曲线，但是两者的计算方法有显著的区别，应当予以区分。D 列表示隐含的一年后即期收益率变化。我们鼓励感兴趣的读者自己动手复制表 1-1，这样有助于理解本书后面的内容。

表 1-1 即期收益率、一年期远期收益率和隐含的一年后即期收益率

%

A 当前即期收益率		B 一年期远期收益率		C 隐含的一年后即期收益率		D = C-A 隐含的一年后即期收益率变化	
s_1	2.443	$f_{0,1}$	2.443	$f_{1,2}$	2.807	Δf_1	0.364
s_2	2.625	$f_{1,2}$	2.807	$f_{1,3}$	3.071	Δf_2	0.446
s_3	2.861	$f_{2,3}$	3.335	$f_{1,4}$	3.193	Δf_3	0.332
s_4	3.005	$f_{3,4}$	3.438	$f_{1,5}$	3.319	Δf_4	0.314
s_5	3.143	$f_{4,5}$	3.697	$f_{1,6}$	3.377	Δf_5	0.234
s_6	3.221	$f_{5,6}$	3.609	$f_{1,7}$	3.381	Δf_6	0.160
s_7	3.246	$f_{6,7}$	3.401	$f_{1,8}$	3.372	Δf_7	0.126
s_8	3.255	$f_{7,8}$	3.318	$f_{1,9}$	3.359	Δf_8	0.103
s_9	3.257	$f_{8,9}$	3.267	$f_{1,10}$	3.350	Δf_9	0.093
s_{10}	3.259	$f_{9,10}$	3.279				

图 1-1 从另外一个角度展示了即期收益率（s_1 到 s_{10}）、一年期远期收

---

① 文本重点关注即期收益率（spot rate）而不是平价收益率（par yield）。如无特殊说明，我们的计算频率为年。读者需要注意的是，在实际应用中，以半年或三个月为频率进行计算更为常见。

益率（$f_{0,1}$ 到 $f_{9,10}$）和隐含的一年后即期收益率（$f_{1,2}$ 到 $f_{1,10}$）。图中的线段直观地表示了不同的即期和远期收益率对应的时间区间。这些收益率构成了我们分析收益率曲线的基础。

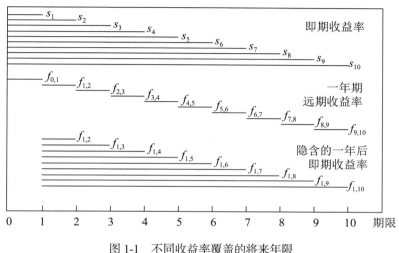

图1-1　不同收益率覆盖的将来年限

1.1.2　如何解读远期收益率？

为了理解远期收益率曲线的作用，我们不妨假设纯预期假说（pure expectation hypothesis）成立。这一假说认为远期收益率完全取决于市场对将来收益率的预期。假说的一个重要含义是不同期限的无息债券拥有相同的短期回报率，原因是这些远期收益率如果在将来实现，将带来债券资本利得/损失，这些资本利得/损失会完全消除不同期限债券之间的初始收益率差异，这也就是所说的远期收益率作为未来即期收益率的损益两平水准。具体来说，如果纯预期假说成立，那么我们可以进行如下操作：

（1）直接购买一年期债券；

（2）购买 n 年期债券持有一年后，将其以 $n-1$ 年期债券卖出。

这两种投资方式的一年期持有期回报率相同。

我们将在后面章节检验纯预期假说在中国债券市场是否成立。从相反方向理解，如果所有债券的短期回报率都不相同，那么不同期限债券之间的收益率差别必然会被投资者的套利行为抹平。结合表1-1的数据，我们可以买入一年期债券获得 s_1 的回报率，也可以以收益率 s_2 买入两年期债券并在一年后将其以一年期债券卖出，此时一年期债券的收益率应为远期收益率 $f_{1,2}$。根据纯预期假说，$f_{1,2}$ 在一年之后会实现，其值应恰好保证两种投资方式的回报率相同，或者说在纯预期假说下，我们可以通过当前的 s_1, s_2 确定未来一年的远期收益率 $f_{1,2}$。

因此，如果市场预期将来收益率会上升，那么长期国债会贬值，为了抵消这一贬值预期，长期国债必然需要拥有比短期国债更高的收益率。如果市场预期将来收益率上升，当前的收益率曲线就会向上倾斜。相反，如果市场预期将来收益率下降，当前的收益率曲线就会向下反转。与此相似，如果市场预期将来收益率曲线会变得更加平缓或陡峭，当前收益率曲线的曲度将受到影响。例如，当市场预期收益率曲线变陡时，利差交易（spread trading）策略为买入短期债券同时卖出长期债券，债券市场的供求关系会导致当前短期收益率下降（短期债券价格升高）、长期收益率上升。而当市场预期收益率曲线变平时，利差交易策略为卖出短期债券同时买入长期债券，债券市场的供求关系会导致当前短期收益率上升、长期收益率下降。

读者需要注意以下两种陈述的区别："远期收益率隐含了即期收益率上升的预期"和"市场预期即期收益率上升"。第一种陈述与远期收益率作为未来即期收益率的损益两平水准的角色有关。即期收益率和远期收益率的定义决定了远期收益率隐含的即期收益率变化恰好使得不同期限的国债获得相同的短期回报。例如，表 1-1 中 3 年期即期收益率若在将来一年从 2.861% 上升到 3.193%，也就是其变化 Δf_3 为 0.332%，则 4 年期国债与 1 年期国债将在未来一年有相同的回报率。

如果当前收益率曲线是上升的，远期收益率就隐含了将来即期收益率上升的预期。也就是说，长期国债的高收益率优势需要收益率曲线的上升来抵消。但是，收益率曲线的向上倾斜并不一定意味着市场预期收益率上升，因为只有在纯预期假说成立的情况下，远期收益率隐含的将来即期收益率变化才等于预期市场收益率变化。

表 1-1 中 D 列的数字是隐含的一年之后的即期收益率和真实即期收益率的差值，其表明"远期收益率隐含了收益率上升"。应该如何理解这句话呢？这一差值不意味着市场预期收益率上升。相反，远期收益率曲线说明了即期收益率曲线需要在将来一年上升多少才能让不同期限的债券获得相同的一年期回报率。债券持有期回报率等于债券初始收益率与由于收益率变化带来的资本利得或资本损失之和。例如，即期收益率曲线向上倾斜意味着长期债券的收益率比短期债券的收益率高，长期债券需要遭受更大的资本损失来抵消其初始收益率优势，不同期限债券才能获得相同的短期回报率。远期收益率表示长期收益率需要上升多少才能使长期债券遭受的

资本损失刚好抵消其初始高收益率优势。从收益率的角度说，隐含的一年后即期收益率（表 1-1 的 C 列）恰好能使不同期限的国债在将来一年有相同的回报率（等于当前 1 年期即期收益率）。这个损益两平的关系可以由式（1-3）简单推导得到，即让 $m=1$ 并整理得到：

$$\frac{(1+s_n)^n}{(1+f_{1,n})^{n-1}}=1+s_1 \qquad (1\text{-}4)$$

式（1-4）的左侧表示在当前购买收益率为 s_n 的一个 n 年期无息债券并在一年后以收益率 $f_{1,n}$ 卖出所获得的回报率。式（1-4）的右侧是 1 年期无息债券的收益率。所以，$f_{1,n}$ 能够让 n 年期无息债券的 1 年持有期回报率恰好等于 1 年即期收益率。

下面举例说明损益两平水准 $f_{1,2}$ 的计算。表 1-1 显示 1 年即期收益率为 2.44%，2 年即期收益率为 2.63%。一年后，持有 1 年期无息债券的回报率是 2.44%。持有 2 年期无息债券的 1 年期回报率由其在第一年年末卖出时的价格决定——卖出时该债券的剩余期限为 1 年。所以，问题在于"一年后的 1 年期即期收益率是多少才能使 2 年期债券的一年期持有回报率同为 2.44%？"简单数学推导得出的答案是 2.81%。这样 2 年期无息债券的价格会从 94.94（$=100/1.0263^2$）上升到 97.27（$=100/1.0281$），持有期回报率为 2.44%（$=97.27/94.94-1$）。因此，隐含的一年之后的 1 年期即期收益率 $f_{1,2}=2.81\%$ 正好可以使持有两种不同期限的债券获得相同的 1 年期回报率。

1.2 纯预期假说、纯风险溢价假说与凸性价值

这一节介绍影响收益率曲线的因素。这些因素决定了未来的收益率曲线，也帮助我们理解远期收益率曲线多大程度上可以被即期收益率损益两平水准所解释，为我们进一步分析收益率曲线奠定重要的框架基础。

1.2.1 纯预期假说

上一小节提到，纯预期假说认为远期收益率完全体现了市场对将来利率的预期。这意味着图 1-1 中隐含的一年后即期收益率（$f_{1,2}$ 到 $f_{1,10}$）会最终实现。因此，在将来一年内所有期限的国债都有相同的一年持有期回报。纯预期假说背后认为债券的市场价格由风险中性交易者的交易行为决定，这些交易者的套利行为会消除不同期限债券之间的预期回报率差异。

如果所有期限的国债都有相同的近期回报，它们之间的收益率差异也就隐含了市场对将来收益率变化的预期，预期变化带来的资本利得或资本损失恰好抵消了不同债券之间初始收益率的差异。如果投资者预期收益率上升，那么长期债券会贬值，投资者在初始就会要求长期债券有比短期债券更高的收益率。这会导致当前的收益率曲线向上倾斜。这种盈亏平衡的论点与上一节中的讨论很相似，除了现在让所有债券的预期（而不是实现的）回报率相同。

图1-2展示了不同期望下的即期收益率曲线（让我们暂时假设所有债券的预期回报率相同，并且忽略后面将要介绍的凸性偏差）。如果市场预期未来利率不变，即期收益率曲线表现为一条水平线；如果市场预期未来利率上升，即期收益率曲线表现为上升的直线；如果市场预期未来利率先上升然后上升速度下降，即期收益率曲线表现为凹型（concave）的。

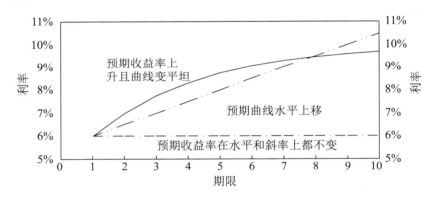

图1-2　不同市场预期下的即期收益率曲线

根据盈亏平衡论点可以得到下述结论：（1）如果市场预期利率不变，当前的即期收益率曲线是水平的。远期收益率曲线与即期收益率曲线重合。这是因为没有任何的预期资本利得或损失需要初始收益率差异去抵消。（2）如果市场预期收益率曲线平行向上移动，由于久期的原因，长期债券会遭受比短期债券更大的资本损失，因此，在正常情况下，长期债券具有更高的收益率来弥补这一预期损失。预期的资本损失与债券久期成正比，那么初始收益率优势也需要与久期成正比。此时的收益率曲线表现为一条向上倾斜的直线。类似地，如果市场预期收益率曲线平行向下移动，会导致收益率曲线反转（inverted）。（3）如果市场预期收益率曲线变平坦，哑铃组合（Barbell，例如1年期和10年期债券的组合）相比同久期的子弹债券（Bullet，例如5年期债券）将会获得更高的资本利得（例如10年期债券收益率的下降幅度大于5期债券收益率的下降幅度）。那么，子弹债券就需要更高的初始收益率来抵消其资本利得劣势。因此，当前的收益率是凹的并且曲度更大，哑铃组合相比同久期的子弹债券有更低的收益率。如果市场预期收益率曲线变陡峭（导致哑铃组合相比同久期的子弹债券预期回报率优势下降），当前的即期收益率曲线会更平或更凸（convex），也就是说当前哑铃组合比相同久期的子弹债券有更高的收益率。

1.2.2 风险溢价假说

注意，纯预期假说只是一个假说，我们需要通过实证研究检验其是否或在多大程度上是正确的。另一个重要的假说是风险溢价假说。风险溢价假说认为收益率曲线的形状反映了投资者对不同期限的债券要求不同的风险溢价。由于长期债券的利率风险更高（久期更长）且流动性更差，通常情况下，长期债券的收益率更高。

如果我们忽略凸性偏差，根据风险溢价假说，表 1-1 中的数字（s_1 = 2.44%，s_2 = 2.63%，$f_{1,2}$ = 2.81%）可以有另一种解释。在风险溢价假说下，$f_{1,2}$ 反映了 2 年期无息债券在未来一年的预期回报率。由于即期收益率曲线反映的是不同期限债券的风险溢价，在预期风险不变的情况下，即期收益率曲线也不会变化。因此，1 年期远期收益率曲线（表 1-1 中的 B 列）表示不同期限的债券在将来一年的预期回报率。例如，2 年期无息债券将获得 2.81% 的回报率，其大致等于初始收益率 2.63% 加上其沿收益率曲线向下滚动（roll down）[①] 到 2.44% 带来的 0.18% 的回报率（意思是说 2 年期的债券在一年之后变为 1 年期债券，因此其收益率在收益率曲线不变的情况下由 2.63% 变为 2.44%，故其价格从 100/1.0263=97.44 涨到 100/1.0244=97.62，持有人可以拿到 0.18 的价差作为回报）。在这种情况下，2 年期无息债券在两年后会获得 5.32% 的回报 [=（1+2.63%）²−1]。在风险溢价假说下，2 年期无息债券预期在第一年获得 2.81% 的回报，第二年获得 2.44% 的回报（等同于 1 年期无息债券）。

1.2.3 凸性偏差

本书的第 4 章会详细介绍凸性偏差（convexity bias），我们在这里先给读者做一个简单的介绍。我们称债券凸性对其收益率曲线形状的影响为

[①] 向下滚动的意思是说 n 年期的债券在一年后变为 $n-1$ 年期债券，其收益率由 s_n 变为 s_{n-1}。如果收益率曲线为正常向上倾斜，表现为沿着收益率曲线向左下方滚动。

凸性偏差。① 考虑以下情景：如果即期收益率和隐含的远期收益率曲线都是一条3%的水平线，根据之前的分析，不同的债券没有任何收益率的差别也没有沿收益率曲线向下滚动带来的回报，那么是不是所有债券的期望回报率都是相同的呢？答案是否定的。因为有一些债券相比于其他债券凸性更大。我们知道普通的债券具有正凸性，② 凸性的一个重要性质是其会导致债券的价格由于利率变化（无论上升还是下降）而升高。长期债券有更大的凸性，也就是说如果未来收益率曲线发生平行变化，凸性导致的长期债券价格升高的幅度相对于短期债券更大（独立于久期的影响），因此人们愿意在当下支付更高的价格购买长期债券，价格的升高进而导致长期债券收益率下降。因此，收益率曲线会随着期限的增加而向下弯曲，这样就形成了反转（inverted）或者驼峰形（hump-shaped）的收益率曲线。

简单总结一下，我们讨论了市场预期对收益率曲线形状的影响。我们强调市场预期不是确定收益率曲线形状的唯一原因。"远期收益率表明了市场对将来即期收益率的预期"这一陈述只有在忽略债券风险溢价和凸性偏差时才是有效的。在通常情况下，债券风险溢价和凸性偏差是不可以被忽略的。收益率曲线向上倾斜可能反映了上升的收益率预期或者债券风险溢价。收益率曲线的曲度则可能反映了市场对收益率曲线变平坦的预期或者反映了凸性偏差。

1.2.4 纯预期假说、风险溢价假说与收益率曲线

我们介绍一下实证检验纯预期假说和风险溢价假说的方法。对于一个 n 年期的债券，其一年后的价格由将来的即期收益率 s_{n-1} 决定。那么一年后 s_{n-1} 的变化也就至关重要。根据纯预期假说和风险溢价假说，如果使用线性近似，远期收益率隐含的收益率变化可以被分解为 $n-1$ 期即期收益率在将来一年的预期变化 $E(\Delta s_{n-1})$ 和债券风险溢价（bond risk premium，BRP_n 代表 n 年期债券在将来一年的预期回报率相比1年期收益率的超额部分），即

---

① 因为短期债券的凸性很小，三年期以下的凸性偏差只有几个基点。因此，在只分析短期债券时，忽略这一偏误是合理的。对于长期债券，滚动收益率无疑是对预期回报的一个下偏估计，因为其忽略了凸性显著的正向影响。这一影响很有可能是典型收益率曲线呈凹形（有峰）的原因。这些话题在第4章"凸性偏差与收益率曲线"中有更具体的讨论。

② 可赎回债券（callable bonds）和有可能提前偿还的固定收益证券例如房屋抵押贷款支持证券具有负的凸性。也就是说，如果利率升高，此类债券的久期对利率降低的敏感性可能会由于提前赎回/偿还的概率增加而下降。

$$f_{1,n} - s_{n-1} \approx E(\Delta s_{n-1}) + \frac{\text{BRP}_n}{n-1} \qquad (1\text{-}5)$$

对式（1-5）的详细推导分析见第2章。该等式对于检验不同收益率曲线假说很有帮助。为了有助于理解该式，读者可以认为 $f_{1,n} - s_{n-1}$ 表示收益率曲线的陡峭程度。陡峭程度反映了市场对未来收益率的预期，或是对不同债券的预期回报率，抑或是两者兼具。两种假说分别对应了两个极端：

（1）纯预期假说认为 BRP = 0。所有期限的国债有相同的预期回报率。同时，远期收益率只反映了市场对将来收益率变化的预期。

（2）风险溢价假说认为 $E(\Delta s_{n-1})$ = 0。远期收益率只反映了不同期限债券之间不同的风险溢价，而不同的风险溢价导致了不同的预期回报率。

事实上，没有一个理论或假说是完全正确的。真相往往是在几种理论或假说之间。① 幸运的是，无论远期收益率反映的是市场对将来收益率的预期、风险溢价或二者兼有，将远期收益率看作即期收益率损益两平水准的观点总是有益的。我们在之后的章节会详细介绍如何实证检验不同假说与我国收益率曲线的相关性和对其的影响，进而分析收益率曲线。

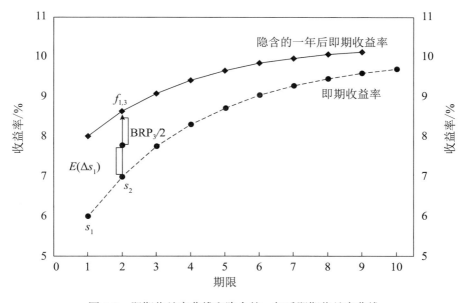

图1-3 即期收益率曲线和隐含的一年后即期收益率曲线

---

① 有人说纯预期假说成立是因为不同债券有不同的预期近期回报隐含了套利机会。这一陈述只有在理想的风险中性世界中是正确的。在现实生活中并非如此。即使套利的论点决定了远期收益率的水平，根据公式（1-3），远期收益率需要与即期收益率相符合。这些论点没有说明远期收益率究竟反映了市场对收益率的预期还是市场要求的必要债券风险溢价。

1.3 中国国债市场

这一节我们介绍一些和国债市场相关的宏观背景知识，帮助读者了解我国利率市场化改革、利率期限结构和收益率曲线变化原因。这些知识作为宏观背景有利于帮助读者理解本书后面的内容，包括政策措施和改革对提高收益率曲线信息发现功能和实际应用性的影响。

1.3.1 市场历史

自1981年恢复发行国债以来，我国国债年度发行额不断扩大，特别是从1998年实施积极财政政策后，我国国债发行量开始大幅增加。截至2018年12月31日，我国国债发行达到78 278亿元，余额为330 069亿元。表1-2报告了1981年至2018年，中国国债的发行额、兑付额、年末余额、发行额增长率及余额增长率。

表1-2 国债市场规模及增速

金额单位：亿元

年份	国债发行额	国债兑付额	国债年末余额	发行额增长率（%）	余额增长率（%）
1981	48.66	—	48.66	—	—
1982	43.83	—	92.49	-9.93	90.07
1983	41.58	—	134.07	-5.13	44.96
1984	42.53	—	176.60	2.28	31.72
1985	60.61	—	237.21	42.51	34.32
1986	62.51	6.65	293.07	3.13	23.55
1987	116.87	18.41	391.53	86.96	33.60
1988	188.77	21.66	558.64	61.52	42.68
1989	223.91	13.22	769.33	18.62	37.71
1990	197.23	76.22	890.34	-11.92	15.73
1991	281.25	111.60	1 059.99	42.60	19.05
1992	460.78	238.05	1 282.72	63.83	21.01
1993	381.31	123.29	1 540.74	-17.25	20.12
1994	1 137.55	391.89	2 286.40	198.33	48.40
1995	1 510.86	496.96	3 300.30	32.82	44.34
1996	1 847.77	786.64	4 361.43	22.30	32.15
1997	2 411.79	1 264.29	5 508.93	30.52	26.31
1998	3 808.77	2 060.86	7 765.70	57.92	40.97
1999	4 015.00	1 238.70	10 542.00	5.41	35.75

续表

年份	国债发行额	国债兑付额	国债年末余额	发行额增长率（%）	余额增长率（%）
2000	4 657.00	2 179.00	13 020.00	15.99	23.51
2001	4 884.00	2 286.00	15 618.00	4.87	19.95
2002	5 934.30	2 216.20	19 336.10	21.50	23.81
2003	6 280.10	2 755.80	22 603.60	5.83	16.90
2004	6 923.90	3 749.90	25 777.60	10.25	14.04
2005	7 042.00	4 045.50	28 774.00	1.71	11.62
2006	8 883.30	6 208.61	31 448.69	26.15	9.30
2007	23 139.10	5 846.80	48 741.00	160.48	54.99
2008	8 558.20	7 531.40	49 767.80	−63.01	2.11
2009	17 927.24	9 745.06	57 949.98	109.47	16.44
2010	19 778.30	10 043.38	67 684.90	10.33	16.80
2011	17 100.10	10 958.50	75 832.00	−13.54	12.04
2012	16 154.20	9 464.00	82 522.00	−5.53	8.82
2013	20 230.00	8 996.00	95 471.00	25.23	15.69
2014	21 747.00	10 365.00	107 275.00	7.50	12.36
2015	59 408.00	12 803.00	154 524.00	173.18	44.04
2016	91 086.00	19 709.00	225 734.00	53.32	46.08
2017	83 513.00	27 567.00	281 538.00	−8.31	24.72
2018	78 278.00	29 875.00	330 069.00	−6.27	17.24

1.3.2 国债市场期限结构

在 1981 年，中国人民银行（中央银行）恢复国债发行，当时发行的国债期限主要在 5～9 年。1983 年至 1993 年，随着政策调整，商品价格放开和工资改革推行，我国出现较为严重的通货膨胀，人们更倾向于购买短期国债，国债的期限也更加短期化。在通货膨胀得到控制后，我国国债市场逐步回归正常。1994 年至 1996 年，我国开始发行 1 年期以下的短期国债和 10 年期以上的长期国债；2001 年首次发行了 20 年期国债；2002 年首次发行了 30 年期超长期国债；2009 年首次发行了期限为 50 年的超长期限国债。目前，我国国债期限包括 3 个月、6 个月、9 个月、1 年、2 年、3 年、5 年、7 年、10 年、15 年、20 年、30 年、50 年。

如图 1-4 所示，2006 年至 2018 年，我国长期国债（10 年期及以上）占比存在波动，多数年份在 10% 以上。其中在 2007 年，我国长期国债发行比率达到 39%，较其他年份明显偏高。因为 2007 年我国经济过热，市场中流动性充足，财政部发行了大量特别国债来回收流动性。由于特别国债均为10年或15年的长期国债，导致2007年长期国债占比较高。2006年长期国债占比最低，为7%。中期国债（1年期以上，10年期以下）在所有期限中占比最高，多数年份在60%左右。短期国债（1年期以下）多数年份占比在20%左右，2009年占比最高，达到35%，2007年占比最低，为10%。总体上讲，我国短期国债发行与国家经济政策和市场流动性相关性较大，而长期债券的发行较为稳定。

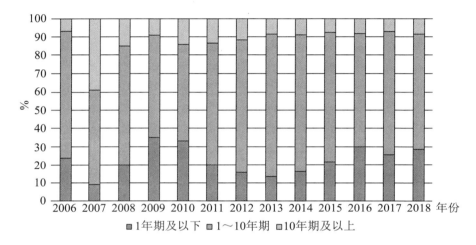

图1-4　2006年至2018年国债市场期限结构

如图1-5所示，观察我国国债的平均期限数据，发现我国国债的平均期限经历了由短变长，再变短的过程，于2011年和2012年达到峰值8.61年和8.63年，2004年我国国债发行的平均期限最短，为3.98年。

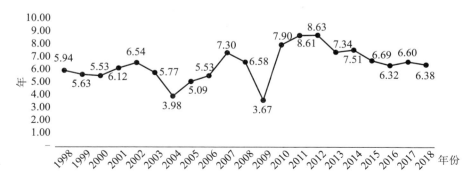

图1-5　1998年至2018年国债平均年限

1.3.3 国债与货币政策

国债公开市场操作是中央银行货币政策的重要工具之一。中国人民银行通过买卖国债调节基础货币供给。国债市场的发展直接影响公开市场操作和货币政策的预期效应和实际效果。中央银行的公开市场操作在很大程度上也推动了利率市场的发展。

受到利率机制的束缚，我国货币市场发展相对滞后。中国人民银行在1996年4月开始启动国债公开市场操作。但是由于货币政策目标和市场基础等问题，公开市场操作于1997年暂停。亚洲金融危机后，中国人民银行于1998年5月恢复公开市场操作，银行间债券市场的快速发展为公开市场操作提供了良好的基础。在1999年，中国人民银行通过逆回购和现券买卖净投放基础货币1 920亿元，占基础货币投放的52%。中央银行通过公开市场操作对实体经济货币供给和金融市场流动性实现调控。公开市场操作也成为中国人民银行的主要货币政策工具之一。

作为货币政策中的质押品，国债与货币政策主要在两个方面存在关联：

第一，国债是央行逆回购、中期借贷便利（medium-term lending facility，MLF）等操作的主要质押券种。截至2019年1月22日，MLF存量45 415亿元，逆回购存量11 100亿元。在约5.7万亿元资金的质押券中，国债是主要的质押券种之一。换句话说，国债作为质押券已经深度参与到央行的货币政策之中。

第二，央行持有的国债以特别国债为主，持有总量并不算大。央行持有约1.53万亿元国债，其中约1.35万亿元属于特别国债，为中国投资有限责任公司注册资本金的主要来源。如剔除这部分特别国债，央行持有的国债规模仅1 764亿元。相对14.9万亿元的国债存量规模，央行持有的国债（包括特别国债）占国债存量的比重仅为10.2%。

1.3.4 中美量化宽松政策差异

一般而言，货币政策主要手段包括：调节基础利率、调节商业银行保证金、公开市场业务。但当经济体出现一些特殊情况，如流动性陷阱（liquidity trap）时，常规货币政策将无效或基本无效。此时，中央银行需要采取非常规货币政策，例如量化宽松。量化宽松（quantitative easing）是指一个国家的中央银行在特殊的经济环境下，通过直接购买国债增加货币供给，为市场注入流动性以鼓励借贷和投资。

历史上，美国曾多次推出量化宽松政策。2008年金融危机之后，美国联邦储备系统（美联储）首次采取量化宽松政策，到2010年4月退出时，共计购买了大约1.73万亿美元的资产。之后，为了继续刺激美国经济发展，美联储在2010年至2013年间先后进行了另外三轮量化宽松政策。

2020年新冠肺炎疫情爆发之后，美联储宣布将继续购买美国国债和抵押贷款支持证券以支撑美国经济抵御新冠肺炎疫情冲击，支持市场平稳运行，不设额度上限，相当于开放式的量化宽松政策，即"无限QE"。

中国政府对于量化宽松采取保守态度。2019年11月李克强总理在第四次"1+6"圆桌对话会议上强调："中国绝不搞量化宽松，将用好经济逆周期调节工具，落实好实施更大规模减税降费，保持流动性合理充裕，加大力度降低实际贷款利率水平。"

国债市场活跃度对比，揭示了中美货币政策工具差异的原因。从日交易量来看，美国国债的日交易量可以达到4 500亿~7 000亿美元的规模，而中国国债的日交易量少于1 000亿元人民币。从货币政策工具的角度来看，美联储逆回购的日交易量为400亿~800亿美元，而中国央行逆回购的规模经常达到千亿元人民币级别。对比之下，可以发现美国国债市场较高的交易活跃度使得美联储买入卖出国债的操作不至于引起市场的过度扰动。而中国在国债交易活跃度方面还有较大的提升空间。

1.4 我国贷款市场报价利率（LPR）

贷款市场报价利率（loan prime rate）机制最早起源于大萧条时期的美国，是商业银行对其最优质客户执行的贷款利率，在许多国家和地区均有实践。发达经济体普遍将LPR作为过渡性定价基准，目的是为更好推动政策利率通过贷款市场向市场利率转轨。

20世纪早期，随着金融业的发展，美国涌现出了大批银行。但随着大萧条的到来，银行为求生存，争取客户，纷纷降低贷款利率，升高存款利率。这样的价格战缩小了银行的利润空间，使得整个行业生存状态恶化。为了解决这个问题，1933年，美联储推出了规定存款利率上限的Q条例及规定贷款利率下限的LPR报价（最优惠贷款利率），建立"存贷刚性区间"来保护银行息差，以遏制银行间的恶意竞争，避免银行大规模破产倒闭。20世纪70年代，石油危机的爆发推高了美国的通胀和利率，使得利率上限被突破。同时，货币基金的出现使银行获取存款更加困难，导致银行业出现倒闭潮，银行再次出现为争夺市场份额而降低贷款利率的情况，贷款利率逐渐向下突破LPR，使得LPR的作用逐渐被削弱，已经无法反映贷款供求关系，许多工商业贷款逐渐转向市场利率定价，LPR 的应用范围逐渐减小。这时，LPR 开始更多参考市场利率进行报价。目前，美国 LPR 已经调整为联邦基金利率加一定基点的形式。从美国的改革经历中我们可以看出，LPR 在利率市场化进程中主要发挥了过渡性定价的作用。在金融市场极大发展后，商业银行更加偏向市场化融资，LPR 由于定价滞后通常不能满足企业贷款的需求，LPR 应用范围逐步转向规模较小或对市场利率变动不敏感的贷款品种。

2013 年 10 月，我国开始建立 LPR 制度，报价原理与发达国家类似，是商业银行向最优质客户提供的贷款利率。2015 年 10 月，央行解除存款利率上限约束，但仍然保留存贷款基准利率作为商业银行贷款定价的主要参考，导致市场利率向信贷市场传导时存在阻滞。2019 年 8 月 17 日，我国央行宣布对 LPR 制度进行调整。我国 LPR 改革前叫作"贷款基础利率"，此次改革将 LPR 名称由贷款基础利率变为"贷款市场报价利率"，并对定价机制进行调整。

本次 LPR 改革最大特点是以一年期中期借贷便利（MLF）为基准，报价行按照各自资金成本、风险溢价及市场供求等因素确定 LPR。以 MLF 为加点基准并非简单调整报价方式，目的是克服短端利率向中长期利率传导中的阻滞，解决货币政策传导不畅的问题。

从形成机制看，LPR 与 MLF 政策利率直接挂钩，央行操作能够直接影响 LPR 走势，这将大大增强央行调控效力。一年期 MLF 与存款类金融机构质押回购加权利率（DR）、上海银行间同业拆放利率（SHIBOR）等短期利率品种相比期限较长，稳定性更高且波动性较小，在当前市场环境下比较适合作为定价基准。

市场化利率传导机制和路径为政策利率→货币市场利率→存款利率→商业银行负债成本→贷款利率。LPR 报价改革更加有效地实现了政策利率向贷款利率的传导，但是货币市场利率向存款利率、商业银行负债成本向贷款利率等传导机制仍然需要深化改革。LPR 报价改革是中国利率市场化的一个里程碑，但非最终目的地。未来的利率市场化改革将进一步实现存贷款利率机制的并轨。

第 2 章 市场预期与远期收益率

导语：第 1 章中我们提到，纯预期假说作为收益率曲线预测的重要假说之一，有着重要的理论价值。本章从实证角度研究在我国债券市场，纯预期假说和风险溢价假说对收益率曲线变动的解释力度，并探究远期收益率是否真实地反映了市场预期，能否用其预测国债收益率的变化。在本章我们发现：对于短期限债券，纯预期假说的解释力度较强，即远期即期收益率溢价中隐含了市场对未来即期收益率变动的预期；对于长期限债券，风险溢价假说的解释力度则相对较强，即远期即期收益率溢价中隐含了债券风险溢价的预期。在与美国实证结果的对比中，我们发现在我国债券市场纯预期假说能够比风险溢价假说更好地预测即期收益率变化。

2.1 纯预期假说和风险溢价假说概述

纯预期假说认为远期收益率体现了未来的即期收益率，因此所有期限的国债都有相同的持有期回报率，也就是说远期 - 即期收益率差值所隐含的未来即期收益率变化所导致的资本利得（资本损失）将恰好抵消不同期限债券的初始收益率差异。例如，如果收益率曲线向上倾斜，为了使不同期限债券的近期回报率相同，收益率曲线在未来必须上升以抵消长期债券拥有的初始收益率优势。

式（2-1）表示一个 n 年期无息债券的一年期持有期回报 h_n。式中 s_n 表示当前 n 年期即期收益率，s_{n-1}^* 表示一年之后 $n-1$ 年期即期收益率。

$$h_n = \frac{(1+s_n)^n}{(1+s_{n-1}^*)^{n-1}} - 1$$

$$\ln(1+h_n) = \ln\frac{(1+s_n)^n}{(1+s_{n-1}^*)^{n-1}}$$

$$\ln(1+h_n) = n\ln(1+s_n) - (n-1)\ln(1+s_{n-1}^*) \qquad (2\text{-}1)$$

取一阶近似后并对两侧取期望可得到式（2-2）：

$$h_n = \frac{(1+s_n)^n}{(1+s_{n-1}^*)^{n-1}} - 1 \approx n \cdot s_n - (n-1) \cdot s_{n-1}^*$$

$$E(h_n) \approx n \cdot s_n - (n-1) \cdot E(s_{n-1}^*) \qquad (2\text{-}2)$$

在纯预期假设下，不同期限债券在短期例如一年期的预期回报率相等，且等于 1 年期的无息债券在未来一年的回报率 s_1，也即：

$$E(h_n) = h_1 = s_1 \qquad (2\text{-}3)$$

因此，我们可以得到公式（2-4）：

$$s_1 \approx n \cdot s_n - (n-1) \cdot E(s_{n-1}^*)$$

$$f_{1,n} \approx \frac{n \cdot s_n - s_1}{n-1} \approx E(s_{n-1}^*)$$

$$f_{1,n} - s_{n-1} \approx E(s_{n-1}^* - s_{n-1}) \approx E(\Delta s_{n-1}) \qquad (2\text{-}4)$$

其中，$f_{1,n}$ 表示的是 1 年后到 n 年的 $n-1$ 年远期收益率。式（2-4）说明，在纯预期假设下，不同债券的预期回报率相同隐含了未来一年的 $n-1$ 期即期收益率 s_{n-1}^* 的无偏估计为当前远期收益率 $f_{1,n}$；而对 $n-1$ 期即期收益率变化量（Δs_{n-1}）的无偏估计为当前远期收益率 $f_{1,n}$ 与当前 $n-1$ 期即期收益率的差值。

与纯预期假说相反，风险溢价假说认为向上倾斜的收益率曲线反映了投资者对长期债券更高的风险溢价（bond risk premium，BRP）要求，也即：

$$\text{BRP}_n = E(h_n) - s_1$$

$$\text{BRP}_n \approx n \cdot s_n - (n-1) \cdot E(s_{n-1}^*) - s_1 \qquad (2\text{-}5)$$

对式（2-5）进行变形后，不难发现如下关系：

$$f_{1,n} \approx \frac{n \cdot s_n - s_1}{n-1} \approx \frac{\text{BRP}_n}{n-1} + E(s_{n-1}^*) \qquad (2\text{-}6)$$

在风险溢价假说下，$E(s_{n-1}^*) = s_{n-1}$，也即当前即期收益率曲线是对未来即期收益率曲线的最佳预测，因此，仅当风险溢价假说成立的情况下，我们能得到式（2-7）：

$$f_{1,n} - s_{n-1} \approx \frac{\text{BRP}_n}{n-1} \qquad (2\text{-}7)$$

如果同时考虑纯预期假说和风险溢价假说，则远期收益率隐含的收益率曲线的变化 $f_{1,n} - s_{n-1}$ 可以被写为式（2-8）：

$$f_{1,n} - s_{n-1} \approx \frac{\text{BRP}_n}{n-1} + E(\Delta s_{n-1}) \qquad (2\text{-}8)$$

其中，

$$\Delta s_{n-1} = s^*_{n-1} - s_{n-1} \quad (2\text{-}9)$$

基于式（2-8）不难发现，远期收益率隐含的收益率变化可以被线性近似分解为 $n-1$ 期即期收益率在未来一年的预期变化 $E(\Delta s_{n-1})$ 和债券风险溢价 [n 年期债券在未来一年的预期回报相比 1 年期收益率的超额部分，$BRP_n/(n-1)$]。式（2-8）更一般地反映了两种假说下收益率曲线变化的关系。纯预期假说认为 $BRP = 0$，而风险溢价假说认为 $E(\Delta s_{n-1}) = 0$。本章将使用我国收益率数据实证检验两种假说。

2.2 纯预期假说和风险溢价假说在中国债券市场的解释能力

2.2.1 全样本结果分析

首先，我们使用相关性分析来探究在我国债券市场，纯预期假说和风险溢价假说对收益率曲线变化的解释能力。

我们定义远期收益率溢价（forward spot premium, FSP）为 $n-1$ 年到 n 年的 1 年期远期收益率和当前 1 年期即期收益率的差值：

$$FSP_n = f_{n-1,n} - s_1 \quad (2\text{-}10)$$

利用对数线性近似并忽略二阶小量，我们可以得到以下关系：

$$f_{n-1,n} = \frac{(1+s_n)^n}{(1+s_{n-1})^{n-1}} - 1 \approx ns_n - (n-1)s_{n-1}$$

$$(1+f_{1,n})^{n-1} = \frac{(1+s_n)^n}{1+s_1} \Rightarrow (n-1)f_{1,n} \approx ns_n - s_1 \quad (2\text{-}11)$$

结合式（2-11）得到：

$$FSP_n = f_{n-1,n} - s_1 \approx ns_n - (n-1)s_{n-1} - s_1$$

$$FSP_n \approx (n-1) \cdot (f_{1,n} - s_{n-1}) \quad (2\text{-}12)$$

结合式（2-8），可以得到：

$$FSP_n \approx BRP_n + (n-1) \cdot E(\Delta s_{n-1}) \quad (2\text{-}13)$$

如果纯预期假说成立，则 BRP_n 等于 0，远期 - 即期溢价 (FSP_n) 应该与实际 $n-1$ 期收益率变化呈线性关系。与其对应，风险溢价假说认为当前即期收益率曲线是对未来即期收益率曲线的最佳预测，也就是 $n-1$ 期即期收益率变化的最好预测为零。如果该假说成立，远期—即期溢价与实

际 $n-1$ 期即期收益率变化应表现为无相关性。因此，我们通过计算远期—即期溢价和实际 $n-1$ 期即期收益率变化的相关系数 $\text{CORR}(\text{FSP}_n, \Delta s_{n-1})$ 来检验纯预期假说和风险溢价假说。

我们选取了中债 2002 年 1 月至 2020 年 6 月的即期收益率数据来验证上述假说。我们利用 Cubic Splines 插值法计算和建立完整的即期收益率曲线。我们以月为频率进行计算，数据为年化利率。我们用已实现的即期利率变化 Δs_{n-1} 来近似 $E(\Delta s_{n-1})$，也即我们用 1 个月后的即期收益率 s_{n-1}^* 与当月的即期收益率 s_{n-1} 之差来替代 $E(\Delta s_{n-1})$。此外，由于缺乏真实的零息国债持有期回报率数据，我们利用即期收益率曲线数据来计算持有一个 n 年期零息国债 1 个月所实现的回报率，并用这一数据来近似债券风险溢价（bond risk premium，BRP），也即式（2-14）：

$$\text{BRP}_n = \frac{(1+s_n)^n}{(1+s_{n-1}^*)^{n-1}} - 1 - s_1 \tag{2-14}$$

我们分别计算了 3、6、24、36、48、60 个月的 FSP_n 与 BRP_n^*，以及 2、5、23、35、47、59 个月的 Δs_{n-1}。表 2-1 展示了不同期限 FSP_n、BRP_n^* 与 Δs_{n-1} 的描述性统计结果（均值和标准差）。

表 2-1 FSP_n、BRP_n^* 与 Δs_{n-1} 的描述性统计结果

变量名称	3 个月	6 个月	2 年	3 年	5 年
mean(FSP_n)	1.501	0.097	0.229	0.783	1.068
std(FSP_n)	0.712	0.163	0.335	0.458	0.576
mean(BRP_n^*)	−0.903	−0.769	−0.184	0.118	0.618
std(BRP_n^*)	0.794	1.656	5.383	7.608	12.121
mean(Δs_{n-1})	−0.001	−0.001	−0.001	0.000	0.000
std(Δs_{n-1})	0.234	0.218	0.205	0.417	0.342

图 2-1 以折线图的形式呈现了 FSP_n 与 BRP_n^*、FSP_n 与 Δs_{n-1} 在不同期限的变化情况。可以看出，对于短期债券（3 个月）而言，FSP_n 与 Δs_{n-1} 的变动较为一致，表明远期收益率隐含了未来即期利率变动的预期，而对于较长期限的债券则看不出较为明显的同步性。

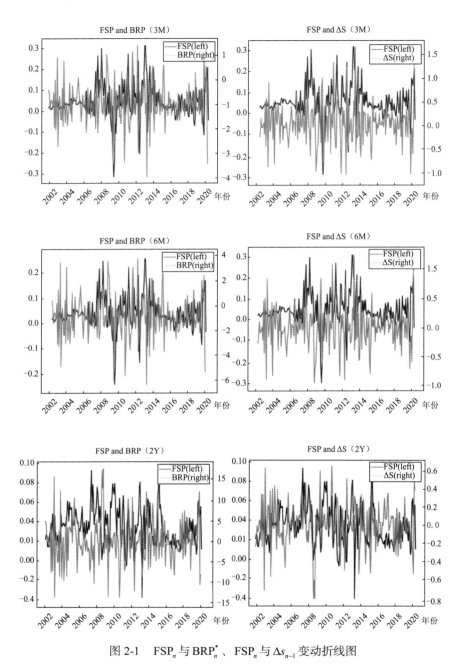

图 2-1　FSP_n 与 BRP_n^*、FSP_n 与 Δs_{n-1} 变动折线图

表 2-2 汇报了相关性分析的结果,其中 Panel A 是基于中国数据的结果,Panel B 是基于美国数据的结果。表 2-2 中 Panel A 的第一行是计算得到的远期—即期溢价和实际即期收益率变化的相关系数 $\text{Corr}(FSP_n, \Delta s_{n-1})$。如果这一相关系数较高（接近于 1）,则纯预期假说能更好地解释现实情况。

反之，则说明风险溢价假说拥有更强的解释力。表 2-2 中 Panel A 的第二行是对应相关系数的 p 值，若 p 值小于 0.01，则表明该相关系数在 1% 的置信水平上显著；若 p 值小于 0.1，则表明该相关系数在 10% 的置信水平上显著；若 p 值大于 0.1，我们一般认为该相关系数统计意义上不显著。可以看到，除长期限（2 年及以上）外，其余相关系数均表现为统计显著。表 2-2 中 Panel A 的第三行是计算得到的远期—即期溢价和实际风险溢价的相关系数 $Corr(FSP_n, BRP_n^*)$，第四行是对应相关系数的 p 值。

表 2-2 相关性分析结果

	3 个月	6 个月	2 年	3 年	4 年	5 年
Panel A：中国数据						
$Corr(FSP_n, \Delta s_{n-1})$	0.33	0.26	0.08	0.09	0.05	0.01
p 值	<0.01	<0.01	0.25	0.17	0.45	0.92
$Corr(FSP_n, BRP_n^*)$	−0.14	−0.06	0.01	−0.02	0.02	0.05
p 值	0.04	0.34	0.92	0.80	0.76	0.44
Panel B：美国数据						
$Corr(FSP_n, \Delta s_{n-1})$	0.12	0.05	−0.05	−0.07	−0.11	−0.08
$Corr(FSP_n, BRP_n^*)$	0.37	0.22	0.17	0.17	0.19	0.15

表 2-2 中 Panel A 第一行的结果显示，在不同期限下，$Corr(FSP_n, \Delta s_{n-1})$ 大多为正，但达不到 1 的水平。同时，相关系数随期限增加而倾向于减小，并且随着期限延长相关系数显著性程度也在下降。首先，对于短期限而言，相关系数为正表示远期—即期溢价和即期收益率变化呈正相关，这与纯预期假说的逻辑相符，即当收益率曲线向上倾斜时，长期即期收益率倾向于增加以抵消其初始优势。其次，不同期限的相关系数存在差异：在小于 1 年的期限下，远期—即期溢价和即期收益率变化的相关系数较大，但是这一相关系数随着期限延长而减小。例如 3 个月期限的相关系数为 0.33，而 6 个月期限的相关系数为 0.26。这说明在收益率曲线前端，远期收益率能够较好地预测未来即期收益率；当期限大于 2 年，纯预期假说的解释能力不强。

表 2 中 Panel A 第三行的结果显示，$Corr(FSP_n, BRP_n^*)$ 在短期限内（3 个月）为显著的负值，说明短期限债券风险溢价与远期—即期溢价的变动方向甚至相反，而当期限大于 2 年时，$Corr(FSP_n, BRP_n^*)$ 均不显著。以上结果说明风险溢价假说的解释能力相对较弱。对比 $Corr(FSP_n, \Delta s_{n-1})$ 和 $Corr(FSP_n, BRP_n^*)$，我们发现在 1 年期限内，远期—即期溢价与即期收益率变化的相关性较高，纯预期假说的解释能力相对较强，而

风险溢价假说解释能力较差；在 2 年期及以上期限，两种假说的解释能力均较差。

表 2-2 中 Panel B 汇报了 1970—1994 年美国市场的相应结果（Ilmanen，1995）。对于短期限债券，$\text{Corr}(\text{FSP}_n, \Delta s_{n-1})$ 和 $\text{Corr}(\text{FSP}_n, \text{BRP}_n^*)$ 都为正值，且 $\text{Corr}(\text{FSP}_n, \text{BRP}_n^*)$ 的值更大，表明远期—即期溢价中更多隐含了不同期限债券的风险溢价；对于较长期限的债券，$\text{Corr}(\text{FSP}_n, \Delta s_{n-1})$ 为负值，表明远期—即期溢价和即期收益率变化的变动方向相反，而 $\text{Corr}(\text{FSP}_n, \text{BRP}_n^*)$ 虽然有所降低但仍为正值，可见风险溢价假说对于美国不同期限的债券均有较好的解释力。

对比中美结果，我们发现纯预期假说在中国债券市场的预测能力比在美国债券市场的预测能力更强。美国数据表明远期—即期溢价和即期收益率变化的相关系数在较长期限下为负数，也就是说纯预期假说甚至无法正确预测长期收益率的变化方向。在中国市场，远期—即期溢价和即期收益率之间在 3 个月和 6 个月期限有显著且较为明显的正相关关系，这表明纯预期假说至少能够预测期限结构短端的即期收益率的变化方向。

以上结果表明，我国的债券市场至少在短期限内应该更偏向纯预期假说，也就是说对未来即期收益率的最佳预测应该是远期收益率。总体来讲，$\text{Corr}(\text{FSP}_n, \Delta s_{n-1})$ 相比于 $\text{Corr}(\text{FSP}_n, \text{BRP}_n^*)$ 要更大一些，这说明收益率曲线的陡峭程度更多地反映了不同债券收益率变动的市场预期而非风险溢价。

2.2.2 不同时间区间的结果分析

为了进一步研究不同时期的差异，本节将 2002—2020 年以 2008 年金融危机和 2015 年 A 股重大股灾为分界点分为五个子周期分别进行研究。

同样地，我们以表格的形式展示了对子样本数据进行相关性分析的结果。表的第一行和第三行分别为远期—即期溢价与实际即期收益率变化、实际风险溢价的相关系数。其中，远期—即期溢价反映了收益率曲线的陡峭程度，如果这一相关系数较高（接近于 1），则表明对应的假说能更好地解释现实情况。表的第二行和第四行分别展示了对应相关系数的 p 值，若 p 值小于 0.01，则表明该相关系数在 1% 的水平上显著，若 p 值小于 0.1，则表明该相关系数在 10% 的水平上显著，若 p 值大于 0.1，我们认为该相关系数统计意义上不显著。

1. 2002—2007 年子样本

2002—2007 年是无重大金融危机的时期之一，表 2-3 展示了该时间段内的相关性分析结果：3个月与6个月期限债券 $\text{Corr}(\text{FSP}_n, \Delta s_{n-1})$ 显著为正，$\text{Corr}(\text{FSP}_n, \text{BRP}_n^*)$ 显著为负，可见，纯预期假说在短期限内的预测能力要优于风险溢价假说，风险溢价假说甚至无法正确地解释收益率的变动方向；5年期债券 $\text{Corr}(\text{FSP}_n, \text{BRP}_n^*)$ 显著为正，表明远期即期溢价和债券风险溢价显著正相关，而 $\text{Corr}(\text{FSP}_n, \Delta s_{n-1})$ 的 p 值为0.22，表明远期即期溢价和即期收益率变动相关性不显著，可见，风险溢价假说在长期限的解释能力要好于纯预期假说。总体来看，纯预期假说和风险溢价假说分别在短期和长期可以较好地解释远期即期溢价所隐含的信息。

表2-3 2002—2007年相关性分析结果

	3个月	6个月	2年	3年	4年	5年
$\text{Corr}(\text{FSP}_n, \Delta s_{n-1})$	0.38	0.32	0.18	0.09	-0.04	-0.15
p 值	<0.01	0.01	0.14	0.45	0.71	0.22
$\text{Corr}(\text{FSP}_n, \text{BRP}_n^*)$	-0.25	-0.20	-0.11	-0.03	0.10	0.20
p 值	0.03	0.09	0.34	0.79	0.39	0.09

2. 2008—2009年子样本

2008—2009年是全球金融危机蔓延的时间，表2-4展示了该时间段内的相关性分析结果：从短期（3个月、6个月期）来看，$\text{Corr}(\text{FSP}_n, \Delta s_{n-1})$ 与 $\text{Corr}(\text{FSP}_n, \text{BRP}_n^*)$ 均不显著，而对于较长的期限（2~5年）二者都表现出较为显著的相关性，远期即期溢价和即期利率变动的相关性在2~5年期均在10%及更高的水平上显著，且相关系数相对较高，表明纯预期假说在预测长期即期收益率变化时有更高的效力，长期收益率的变化更多地反映了市场预期，同时，远期—即期溢价和债券风险溢价的相关性在3~5年期均在10%及更高的水平上显著，但其相关系数为负，表明风险溢价假说无法准确预测这一阶段长期收益率的变化方向。总体来看，纯预期假说在该时间段内具有较好的解释效力。

表2-4 2008—2009年相关性分析结果

	3个月	6个月	2年	3年	4年	5年
$\text{Corr}(\text{FSP}_n, \Delta s_{n-1})$	0.19	0.10	0.37	0.61	0.49	0.38
p 值	0.38	0.64	0.08	0.00	0.02	0.06
$\text{Corr}(\text{FSP}_n, \text{BRP}_n^*)$	0.08	0.18	-0.30	-0.57	-0.45	-0.35
p 值	0.71	0.41	0.15	0.00	0.03	0.10

3. 2010—2014年子样本

2010—2014年是无重大金融危机的时期，表2-5展示了该时间段内的相关性分析结果：从短期（3个月、6个月期）来看，远期即期溢价和即期利率变动的相关性在5%及更高的水平上显著，而远期即期溢价和债券风险溢价的相关性统计不显著，可见，纯预期假说在短期具有较强的解释力；对于长期（2~5年期）债券，$\mathrm{Corr}(\mathrm{FSP}_n, \Delta s_{n-1})$ 与 $\mathrm{Corr}(\mathrm{FSP}_n, \mathrm{BRP}_n^*)$ 二者的 p 值均在0.1以上，因此统计不显著。总体来看，纯预期假说在短期限有较好的解释能力。

表2-5 2010—2014年相关性分析结果

	3个月	6个月	2年	3年	4年	5年
$\mathrm{Corr}(\mathrm{FSP}_n, \Delta s_{n-1})$	0.36	0.27	−0.07	−0.05	−0.10	−0.07
p 值	0.01	0.04	0.58	0.69	0.44	0.61
$\mathrm{Corr}(\mathrm{FSP}_n, \mathrm{BRP}_n^*)$	−0.19	−0.08	0.18	0.15	0.18	0.13
p 值	0.15	0.52	0.17	0.27	0.17	0.33

4. 2015—2016年子样本

2015年A股发生重大股灾，同样是重大的金融震荡，表2-6展示了该时间段内的相关性分析结果：$\mathrm{Corr}(\mathrm{FSP}_n, \Delta s_{n-1})$ 与 $\mathrm{Corr}(\mathrm{FSP}_n, \mathrm{BRP}_n^*)$ 在所有期限的 p 值均在0.1以上，因此统计意义上不显著，表明两种假说所暗示的结果均无法在这段时期内得到验证。总体来看，这一时期内两种假说的解释力度均较差，这与2008年金融危机时期的结果有所差异。

表2-6 2015—2016年相关性分析结果

	3个月	6个月	2年	3年	4年	5年
$\mathrm{Corr}(\mathrm{FSP}_n, \Delta s_{n-1})$	−0.23	−0.23	0.01	−0.12	−0.19	−0.27
p 值	0.29	0.27	0.96	0.57	0.36	0.21
$\mathrm{Corr}(\mathrm{FSP}_n, \mathrm{BRP}_n^*)$	0.30	0.30	0.10	0.23	0.26	0.32
p 值	0.15	0.16	0.65	0.28	0.22	0.13

5. 2017—2020年子样本

表2-7展示了2017—2020年时间段内的相关性分析结果：从短期（3个月、6个月期）来看，远期即期溢价和即期利率变动的相关性在1%以上的统计水平显著，且相关系数为正，而远期即期溢价和债券风险溢价的相关性在5%以上的统计水平显著，但相关系数为负，可见，

纯预期假说能较好地解释远期即期溢价所隐含的信息；从长期（2～5年期）来看，Corr(FSP$_n$, Δs_{n-1})与Corr(FSP$_n$, BRP$_n^*$)二者的p值均在0.1以上，因此统计不显著。总体来看，纯预期假说在短期限有较好的解释能力。

表 2-7　2017—2020 年相关性分析结果

	3 个月	6 个月	2 年	3 年	4 年	5 年
Corr(FSP$_n$, Δs_{n-1})	0.57	0.49	-0.04	-0.05	0.10	0.08
p 值	<0.01	<0.01	0.79	0.75	0.55	0.60
Corr(FSP$_n$, BRP$_n^*$)	-0.42	-0.33	0.11	0.10	-0.04	-0.03
p 值	0.01	0.04	0.50	0.55	0.79	0.85

2.3　稳健性检验

在本节我们从三个角度对前述结果做进一步的探索，以验证前述结果的可靠性。我们分别通过（1）远期即期收益率溢价与风险溢价的回归关系，（2）期限利差与即期利率变动的回归关系，以及（3）广义期限利差与即期利率变动的回归关系对前述问题进行进一步检验。

2.3.1　利用线性回归模型探究纯预期假说和风险溢价假说的解释能力

由式（2-13），远期即期收益率溢价（FSP$_n$）与债券风险溢价（BRP$_n$）、即期收益率预期变化[$E(\Delta s_{n-1})$]的关系如下：

$$\text{FSP}_n \approx \text{BRP}_n + (n-1) \cdot E(\Delta s_{n-1})$$

根据纯预期假说，BRP$_n$等于0，$E(\Delta s_{n-1}) = \text{FSP}_n/(n-1)$；而根据风险溢价假说，$E(\Delta s_{n-1}) = 0$。那么，结合两种假说，我们对$n-1$期即期收益率变化$\Delta s_{n-1}$的无偏估计可表示如下：

$$E(\Delta s_{n-1}) = (1-\beta) \cdot \frac{\text{FSP}_n}{n-1} + \beta \cdot 0 = (1-\beta) \cdot \frac{\text{FSP}_n}{n-1} \quad (2\text{-}15)$$

其中，FSP$_n/(n-1)$是纯预期假说下对$n-1$期即期收益率的变化Δs_{n-1}的无偏估计；0是风险溢价假说下对$n-1$期即期收益率的变化Δs_{n-1}的无偏估计；β是一个常数（权重）。将式（2-15）代入式（2-13），整理可得式（2-16）：

$$\text{FSP}_n \approx \text{BRP}_n + (1-\beta) \cdot \text{FSP}_n$$

$$\text{BRP}_n \approx \beta \cdot \text{FSP}_n \quad (2\text{-}16)$$

式（2-16）给出了一个可以进行线性回归检验的表达式。在极端情况下，$\beta=0$ 表明纯预期假说成立，$\beta=1$ 表明风险溢价假说成立。如果 β 介于 0 和 1 之间，说明现实情况是纯预期假说和风险溢价假说的结合；如果 $\beta>1$，则说明纯预期假说对 $n-1$ 期即期收益率的变化的估计不仅不是无偏估计，甚至错误地预测了 $n-1$ 期即期收益率变化的方向。在实际的检验过程中，我们用实际观察到的已实现的 BRP_n^* 来代替 BRP_n。

数据方面，我们选取了中债 2002 年 1 月至 2020 年 6 月的即期收益率数据，利用 Cubic Splines 插值法计算和建立完整的即期收益率曲线。根据式（2-12）和式（2-14），我们分别计算了 2 年、3 年、4 年、5 年的 FSP_n 与 BRP_n^*，n 取的频率是年。

我们基于中国数据，以历史风险溢价 BRP_n^* 作为被解释变量，远期即期收益率溢价 FSP_n 作为解释变量，进行一元线性回归，回归方程如式（2-17）所示：

$$BRP_n = \beta_0 + \beta_1 \cdot FSP_n + u_n \qquad (2\text{-}17)$$

其中，β_1 的含义为，给定远期—即期溢价上升幅度，债券的风险溢价的变化程度。如前文所述，纯预期假说和风险溢价假说可以与 β_1 为 0 或者为 1 联系起来，$\beta_1=0$ 意味着纯预期假说成立，$\beta_1=1$ 意味着风险溢价假说成立。也就是说，如果 $\beta_1=0$，当前的远期收益率是未来即期收益率的无偏估计，即实际情况更偏向于纯预期假说所描述的情况。如果 $\beta_1=1$，则风险溢价假说更占主导地位，当前的即期收益率是对未来即期收益率的最佳预测。

表 2-8 BPR—FSP 线性回归分析结果

	2 年	3 年	4 年	5 年
Panel A：中国数据				
β_0	0.12***	0.14**	0.14*	0.13
	（0.04）	（0.06）	（0.09）	（0.11）
β_1	0.71***	0.81***	0.85***	0.88***
	（0.08）	（0.07）	（0.08）	（0.08）
R^2	0.28	0.40	0.36	0.34
Obs	221	221	221	221
t 值（$\beta_1=1$）	-3.78	-2.85	-1.91	-1.39

续表

	2 年	3 年	4 年	5 年
Panel B：美国数据				
β_0	−0.21	−0.51	−0.91	−1.06
	（0.41）	（0.68）	（0.92）	（1.31）
β_1	0.91***	1.13***	1.42***	0.93*
	（0.28）	（0.37）	（0.45）	（0.53）
R^2	0.14	0.11	0.11	0.05

注：括号中为标准差；* 代表 $p<0.1$；** 代表 $p<0.05$；*** 代表 $p<0.01$。

表 2-8 中的 Panel A 汇报了基于中国数据的回归结果，结果显示，对于所有期限（2~5 年期）β_1 值均在 1% 的统计水平上显著，表明 β_1 统计意义上显著不为 0。从数值上看，β_1 的值都介于 0 和 1 之间，3~5 年期的 β_1 值均在 0.8 以上，表明远期即期收益率溢价每增加 1 个百分点往往会使债券风险溢价增加 0.8 个百分点左右，且随着期限的增加，β_1 有不断增大的趋势。从拟合优度上看，3 年期债券的拟合优度最高，达到 0.4，其他期限债券的拟合优度基本在 0.3 左右，因此远期即期收益率溢价能够在一定程度上解释债券风险溢价的变动。

回归结果说明风险溢价假说具有一定解释力度，为了进一步验证中国债券市场数据是否能完全支持风险溢价假说，我们对 β_1 进行原假设为"$\beta_1=1$"的 t 检验。表 2-8 中 Panel A 的最后一行汇报了 β_1 的 t 检验结果，除了 5 年期外的其他期限均显著拒绝了 $\beta_1=1$ 的原假设，表明 β_1 的值在统计意义上不为 1，并且从 t 值的符号可以看出，β_1 显著小于 1。总的来看，对于 2~4 年期债券的 β_1 分布在 0 到 1 之间，这说明了我国债券市场的现实情况不能完全被风险溢价假说所解释，而更可以被解释为纯预期假说和风险溢价假说的一种结合。不过，在 5 年期的情况下，不能拒绝 $\beta_1=1$ 的原假设，表明对长期限债券而言，风险溢价假说更能得到支持。

表 2-8 中的 Panel B 汇报了利用 1964—1985 年间美国债券市场数据的回归结果（Fama and Bliss，1987）。结果显示，对于所有期限（2~5 年期）β_1 值均在 10% 及以上的统计水平上显著，表明 β_1 统计意义上显著不为 0。从数值上看，β_1 在 0.91 至 1.42 之间，相比于中国数据的回归结果更接近 1，且统计上均无法拒绝 $\beta_1=1$ 的原假设。这样的结果表明，当前远期即期收益率溢价的变化主要反映了当前 1 年期预期收益中的期限溢价的变化。因此，美国的结果显然更加支持风险溢价假说。

2.3.2 利用期限利差检验纯预期假说

如上文所述，纯预期假说认为预期是决定收益率曲线的唯一因素，如果实际利率完全按照预期变动，那么短期和长期投资策略将取得完全相同的回报，也即资本利得或损失会抵消初始收益率的优势，从而使得所有期限的国债都有同样的近期预期回报，即超额收益 BRP_n 等于 0，如式（2-18）。

$$BRP_n = E(h_n) - s_1 = 0 \quad (2\text{-}18)$$

将式（2-2），即 $E(h_n) \approx n \cdot s_n - (n-1) \cdot E(s_{n-1}^*)$ 代入式（2-18），整理可得式（2-19）。

$$s_n + (n-1) \cdot (s_n - s_{n-1}^*) - s_1 = 0 \quad (2\text{-}19)$$

期限利差（YS）表示 n（年/月）期即期收益率和 1（年/月）期即期收益率的差：

$$YS_n \equiv s_n - s_1 \quad (2\text{-}20)$$

将式（2-20）代入式（2-19），可以得到式（2-21）：

$$YS_n = (n-1) \cdot (s_{n-1}^* - s_n) \quad (2\text{-}21)$$

根据式（2-21），当前长短期债券的期限利差等于 $(n-1)$ 乘以长期债券收益率的变化，因此长期收益率的预期增长必须正好是 $1/(n-1)$ 乘以当前期限利差，由此可得回归方程一（2-22）。

$$(s_{n-1}^* - s_n) = \beta_0 + \beta_1 \cdot \frac{YS_n}{(n-1)} + u_n \quad (2\text{-}22)$$

数据方面，我们选取了中债 2002 年 1 月至 2020 年 6 月的即期收益率数据，利用 Cubic Splines 插值法计算和建立完整的即期收益率曲线。根据式（2-20）、式（2-19）和式（2-9），我们分别计算了 2 个月、3 个月、6 个月、12 个月、24 个月、48 个月、120 个月的 YS_n、BRP_n 与 Δs_n。n 的频率是月份，因此收益率也进行了月化处理。

表 2-9 汇报了即期收益率变动对期限利差的线性回归结果，其中 Panel A 汇报的是基于中国数据的回归结果。如果纯预期假说严格成立，β_1 应该恰好等于 1。Panel A 的回归结果显示，短期限（2~6 个月）β_1 在 5% 及以上的统计水平上显著，但只有 6 个月期限的 β_1 无法拒绝 $\beta_1 = 1$ 的原假设，即只有 6 个月期限债券的利率的短期变动可以较好地反映在期限利差的变动之中。总体来看，对中国债券而言短期限纯预期假说具有一定解释力度，对于 6 个月期限具有较好解释力，然而对较长期限而言，回归结果不显著表明纯预期假说与实际情况不符。因此，相比于长期利率而言，短

期利率的变化更能体现出支持纯预期假说的实证结果。

表 2-9 即期收益率变动对期限利差的回归结果

	2M	3M	6M	12M	24M	48M	120M
Panel A：中国							
β_1	2.628***	2.336***	1.520**	0.215	-0.463	-0.427	-4.821
	（0.658）	（0.640）	（0.610）	（0.650）	（0.960）	（1.505）	（2.591）
t 值（$\beta_1=1$）	2.475	2.087	0.852	-1.209	-1.523	-0.948	-2.247
Panel B：美国							
β_1	0.019	-0.135	-0.842*	-1.443**	-1.432	-2.222	-4.102*
	（0.194）	（0.285）	（0.444）	（0.598）	（0.996）	（1.451）	（2.083）

注：括号中为标准差；* 代表 $p<0.1$；** 代表 $p<0.05$；*** 代表 $p<0.01$。

表 2-9 的 Panel B 汇报了利用 1952—1991 年美国数据进行线性回归的结果（Campbell，1995）。从美国数据的回归结果来看，除了 2 个月期的回归系数以外，其他所有系数均为负。全部系数都显著小于 1，有一些显著小于零。结果表明，当长期—短期收益率利差高时，长期收益率往往趋于下降，扩大了投资长期债券和短期债券之间的收益率差，而不是像纯预期假说所述的长期债券收益率上升以抵消初始收益率差。

对比中美数据的回归结果，我们可以发现，对于中国债券而言期限利差更多地反映了未来预期短期利率的变化（理性预期），而对于美国债券而言期限利差更多地反映了对长期债券的超额收益（风险溢价）。

2.3.3 利用广义期限利差检验纯预期假说

前文定义的期限利差为 n 期的即期收益率和当前 1 期即期收益率的差值，我们定义广义的期限利差（Spread，S）为当前时期 n 期即期收益率和 m 期即期收益率的差值：

$$S_t^{(n,m)} \equiv s_{n,t} - s_{m,t} \quad (2\text{-}23)$$

根据式（2-22），推广可得回归方程（2-24）：

$$(s_{n-m,t+m} - s_{n,t}) = \beta_0 + \beta_1 \cdot \frac{m}{(n-m)} \cdot S_t^{(n,m)} + u_n \quad (2\text{-}24)$$

我们利用更具一般性的回归方程（2-24）进一步检验纯预期假说。表 2-10 汇报了即期收益率变化对广义期限利差的回归结果。表 2-10 的第一列包含了表 2-9 的部分内容，如前所述，短期限债券的短期利率变化能够被显著地反映在期限利差之中。此外，我们还可以从表 2-10 中看到不同期限债券即期利率的变动对于不同期限利差回归显著性造成的差异，例如，对于中长期限债券（1～5年期）而言，短期利率变化在10%及以上的统计水平上不显著，但较长期的利率变化则显著（比如3个月、4个月或2年的利率变化）；对于长期限债券（10年期）而言，短期利率变化在10%及以上的统计水平上显著，而较长期的利率变化则不显著。从回归系数的符号上看，除长期限债券（10年期）外，其余期限债券的回归系数均为正值，这说明期限利差大部分情况下可以正确预测长期（n期）债券在短期（m期）期限内的收益率变化的方向，表明纯预期假说具有一定的解释力。

表 2-10　广义期限利差回归结果

m＼n	1M	2M	3M	4M	6M	12M	24M	60M
2M	2.628***	—	—	—	—	—	—	—
	（0.658）							
3M	1.168***	4.569***	—	—	—	—	—	—
	（0.320）	（0.952）						
4M	0.685***	2.085***	5.082***	—	—	—	—	—
	（0.209）	（0.471）	（1.178）					
6M	0.304**	0.855***	1.488***	2.764***	—	—	—	—
	（0.122）	（0.234）	（0.397）	（0.707）				
9M	0.101	0.347**	0.620***	0.972***	1.345**	—	—	—
	（0.077）	（0.138）	（0.209）	（0.302）	（0.658）			
12M	0.020	0.162	0.357**	0.559***	0.551	—	—	—
	（0.059）	（0.104）	（0.152）	（0.208）	（0.373）			
24M	−0.020	0.039	0.198*	0.322**	0.266	0.149	—	—
	（0.042）	（0.072）	（0.101）	（0.134）	（0.213）	（0.598）		
36M	0.013	0.050	0.147	0.211*	0.090	0.113	2.478***	—
	（0.038）	（0.065）	（0.089）	（0.113）	（0.162）	（0.300）	（0.593）	
48M	−0.009	−0.014	0.029	0.059	−0.051	−0.053	1.116***	—
	（0.032）	（0.054）	（0.072）	（0.091）	（0.124）	（0.208）	（0.346）	
60M	−0.020	−0.030	−0.006	0.005	−0.098	−0.131	0.665***	—
	（0.029）	（0.047）	（0.063）	（0.078）	（0.104）	（0.168）	（0.249）	
120M	−0.041**	−0.055*	−0.076*	−0.099**	−0.164***	−0.214**	−0.019	−0.251
	（0.022）	（0.031）	（0.041）	（0.050）	（0.063）	（0.096）	（0.130）	（0.280）

注：括号中为标准差；* 代表 $p<0.1$；** 代表 $p<0.05$；*** 代表 $p<0.01$；空值部分为系数不显著。

同样地，我们也对回归系数进行了原假设为"$\beta_1=1$"的 t 检验。大部分回归系数的 t 检验结果拒绝了"$\beta_1=1$"的原假设。仅有 1/4 左右的回归系数 t 检验结果无法拒绝"$\beta_1=1$"的原假设。此外，对于短期限债券而言，相对更多的回归系数在统计分布上更接近于1。因此，对于短期限债券，纯预期假说的解释力度更强。

表2-11汇报了利用1952—1987年美国数据进行回归的结果（Campbell and Shiller，1991）。与中国数据实证结果差别较大的是，从回归系数大多为负数可以看出，几乎任何两个期限之间的期限利差都对于长期（n期）债券的收益率变化在短期限（m期）内的预测给出了错误的预测方向，而表2-10展示的中国数据的回归结果显示，除长期限债券（10年期）外，其余期限债券的回归系数均为正值，这表明中国债券的期限利差大部分情况下对长期（n期）债券的收益率变化在短期（m期）期限内的预测给出了正确的预测方向。因此，相比于美国债券而言，纯预期假说对于中国债券体现出了更好的解释力。

表2-11 广义期限利差回归结果（美国数据）

n \ m	1M	2M	3M	4M	6M	12M	24M	60M
2M	0.002 （0.238）	—	—	—	—	—	—	—
3M	−0.176 （0.362）	−0.361 （0.502）	—	—	—	—	—	—
4M	−0.437 （0.469）	−0.611 （0.562）	−0.452 （0.366）	—	—	—	—	—
6M	−1.029* （0.537）	−1.276** （0.557）	−1.294*** （0.400）	−1.203*** （0.309）	—	—	—	—
9M	−1.219** （0.598）	—	−1.682*** （0.486）	−1.482*** （0.311）	−0.654 （0.508）	—	—	—
12M	−1.381** （0.683）	−1.592** （0.712）	−1.967*** （0.601）	—	−0.913 （0.657）	—	—	—
24M	−1.815 （1.151）	−1.919* （1.142）	−1.694* （0.939）	−1.482* （0.842）	−0.893 （0.743）	−1.034* （0.620）	—	—
36M	−2.239 （1.444）	−2.164 （1.462）	−1.922 （1.210）	−1.692 （1.065）	−1.184 （0.877）	−1.396* （0.883）	−0.465 （1.086）	—
48M	−2.665 （1.634）	−2.561 （1.662）	−2.208 （1.392）	−1.960 （1.206）	−1.447 （0.991）	−1.736* （1.027）	−0.725 （1.233）	—
60M	−3.099* （1.749）	−2.941 （1.795）	−2.525 （1.523）	−2.276* （1.318）	−1.750 （1.096）	−2.022* （1.205）	−0.811 （1.369）	—
120M	−5.024** （2.316）	−4.695* （2.424）	−4.298* （2.107）	−3.944* （1.851）	−3.198* （1.673）	—	—	4.575** （1.926）

注：括号中为标准差；* 代表 $p<0.1$；** 代表 $p<0.05$；*** 代表 $p<0.01$。

远期即期溢价和期限利差都反映了收益率曲线的陡峭程度，我们在稳健性检验部分将这些变量与即期利率的变化进行回归，试图检验曲线陡峭程度中是否隐含着对未来利率变动的预期，以此来进一步检验纯预期假说。总体来看，实证结果与第二部分中的相关性分析结果基本相符，即对于不同期限的债券结果存在差异：短期限债券倾向于支持纯预期假说，长期限债券倾向于支持风险溢价假说。此外，从与美国结果的对比中可以发现中美存在差异，即美国数据整体更支持风险溢价假说，而风险溢价假说对中国数据的解释力度相对较差。

2.4 预测即期收益率的变化

实证结果表明，纯预期假说对中国国债收益率曲线短端变动的解释力较强，而风险溢价假说对长端变动的解释力相对较强。因此，我们想在此基础上，结合两种假说对即期收益率的变化进行预测。根据纯预期假说，远期收益率是对未来即期利率的最佳预测，而根据风险溢价假说，当期即期利率是对未来即期利率的最佳预测。因此，我们尝试利用远期即期溢价和当期即期收益率预测即期利率的变化。

为了加强对预测回归方程的理解，我们首先对主要涉及的变量进行一些解释。根据前文的推导 [式（2-13）] 可知，远期即期溢价（FSP_n）可以被分解成预期即期收益率的变动 [$E(\Delta s_{n-1})$] 和预期风险溢价（BRP_n）：

$$FSP_n \approx BRP_n + (n-1) \cdot E(\Delta s_{n-1})$$

定义 s_1^n 为 n 期后的 1 个月期（或 1 年期）即期利率。当期的 1 个月期（或 1 年期）即期利率为 s_1^0。以月度数据为例，2020 年 1 月的 1 个月期即期利率 s_1^0 为 1.49%，3 期后（即 2020 年 4 月）的 1 个月期即期利率 s_1^3 为 0.47%。根据纯预期假说，远期即期溢价完全反映预期收益率的变动，因此，我们可以通过远期即期溢价来预测即期收益率的变动，如回归方程（2-25）。

$$s_1^n - s_1^0 = a + b_1(f_{n,n+1}^0 - s_1^0) + u \qquad (2\text{-}25)$$

根据风险溢价假说，当期的即期利率是对未来即期利率的最佳预测。我们通过一阶自回归模型（AR1）得到即期利率的一阶自回归方程。我们可以利用自回归方程来预测未来的即期利率 s_1^n。我们按月度频率分别计算了 3、6、9、12 个月期限时间跨度为 1 个月的远期即期收益率溢价与未来即期收益率变化，其自回归方程如式（2-26）所示；以及 2 年、3 年、4 年、

5年等期限跨度为1年的远期即期收益率溢价与未来即期收益率变化，其自回归方程如式（2-27）所示。

$$s_1^{n+1} = 0.4522 + 0.8048 s_1^n + e$$
$$(0.097) \quad (0.040)$$
（2-26）

$$s_1^{n+1} = 0.1812 + 0.9295 s_1^n + e$$
$$(0.066) \quad (0.025)$$
（2-27）

表2-12汇报了分别利用远期即期溢价、即期收益率的自回归以及将两者结合来预测即期收益率变动的三个回归的结果。

表2-12的Panel A汇报了基于月频数据的预测短期即期收益率的回归结果。具体来看，回归一利用远期即期溢价来预测1年期即期收益率变动，回归一的系数b_1均在1%的统计水平上显著，且数值均为正值，拟合优度R^2处于0.05～0.17区间，较短期（3个月、6个月）的系数更接近于1且拟合优度较高；回归二为利用即期利率的自回归来预测1年期即期收益率变动，回归二的系数b_2均在1%的统计水平上显著，且数值均为正值，拟合优度R^2随着期限n的增大而增大，变动相对较大，表明对较远时期即期利率的预测能力较强；回归三为结合远期即期溢价和即期利率的自回归对1年期即期收益率变动进行预测，回归三的系数b_1在时期n为3M～9M时显著，回归系数b_2均显著，由于结合了两个因子进行预测，回归的拟合优度R^2得到了一定提高。

表2-12 预测即期利率回归结果（中国数据）

	Panel A：中国数据（短期）				Panel B：中国数据（长期）			
n	3M	6M	9M	12M	2Y	3Y	4Y	5Y
回归一：$s_1^n - s_1^0 = a + b_1(f_{n,n+1}^0 - s_1^0) + u$								
a	−0.15***	−0.22***	−0.25***	−0.20**	−0.12***	−0.17***	−0.25***	−0.23***
	（0.04）	（0.06）	（0.07）	（0.09）	（0.04）	（0.05）	（0.06）	（0.07）
b_1	1.55***	1.05***	0.75***	0.45***	0.29***	0.23***	0.25***	0.21***
	（0.23）	（0.15）	（0.13）	（0.14）	（0.08）	（0.06）	（0.06）	（0.06）
R^2	0.17	0.20	0.14	0.05	0.06	0.07	0.08	0.06
回归二：$s_1^n - s_1^0 = a + b_2(s_1^n - s_1^0) + u$								
a	0.01	0.03	0.03	0.03	0.00	−0.01	−0.01	−0.01
	（0.04）	（0.05）	（0.05）	（0.05）	（0.02）	（0.03）	（0.03）	（0.04）
b_2	1.01***	0.91***	0.90***	0.96***	0.93***	1.07***	1.20***	1.27***
	（0.15）	（0.10）	（0.08）	（0.08）	（0.35）	（0.27）	（0.23）	（0.20）
R^2	0.18	0.30	0.37	0.43	0.03	0.07	0.11	0.16

续表

	回归三：$s_1^n - s_1^0 = a + b_1(f_{n,n+1}^0 - s_1^0) + b_2(s_1^n - s_1^0) + u$							
a	−0.12***	−0.17***	−0.16***	−0.05	−0.10**	−0.11**	−0.13*	0.00
	(0.04)	(0.05)	(0.06)	(0.07)	(0.04)	(0.05)	(0.07)	(0.08)
b_1	1.38***	0.88***	0.54***	0.16	0.25***	0.15**	0.13*	−0.01
	(0.22)	(0.12)	(0.11)	(0.11)	(0.08)	(0.07)	(0.07)	(0.07)
b_2	0.90***	0.82***	0.83***	0.94***	0.59*	0.68**	0.90***	1.29***
	(0.14)	(0.09)	(0.08)	(0.08)	(0.36)	(0.32)	(0.28)	(0.26)
R^2	0.31	0.44	0.44	0.43	0.07	0.09	0.13	0.16

注：括号中为标准差；* 代表 $p<0.1$；** 代表 $p<0.05$；*** 代表 $p<0.01$。

表 2-12 的 Panel B 汇报了基于年频率数据的预测长期即期收益率的回归结果。具体来看，回归一的系数 b_1 均在 1% 的统计水平上显著，且数值均为正值，但 b_1 的数值均小于 Panel A 中的 b_1，拟合优度 R^2 处于 0.06~0.08 区间，整体来看也小于 Panel A 中对应的 R^2；回归二的系数 b_2 均在 1% 的统计水平上显著，数值均为正值，且较 Panel A 中的 b_2 而言数值更接近于 1，拟合优度 R^2 随着期限 n 的增大而增大，表明对较远时期即期利率的预测能力较强；回归三为结合远期即期溢价和即期利率的自回归对 1 年期即期收益率变动进行预测，回归三的系数 b_1 在时期 n 为 2Y~4Y 时显著，且显著性水平随 n 的增大递减，回归系数 b_2 均显著，且显著性水平随 n 的增大递增，由于结合了两个因子进行预测，回归的拟合优度 R^2 得到了一定提高。

总体来说，在较短的期限内远期即期溢价的预测能力相对较好，在较长的期限当期即期利率的预测能力相对较好。将二者结合起来能够对即期收益率的变动起到较好的预测效果。

表 2-13 对比了基于中国数据和基于美国数据的预测回归结果，其中 Panel A 即为表 2-12 汇报的基于中国年度数据的回归结果，Panel B 汇报了利用 1964—1984 年美国年度数据进行预测的结果（Famaand Bliss, 1987）。表 2-13 的前两个回归分别利用远期即期溢价、即期利率的自回归来预测 1 年期即期收益率变动。Panel B 的结果显示，回归一的系数 b_1 在期限 n 为 3Y~5Y 时显著，回归二的系数 b_2 均显著，且两个回归的拟合优度均随着 n 的增大而增大；第三个回归结合了两个因子进行预测，Panel B 的结果显示，回归三的系数 b_1 仅在 n 为 4Y 和 5Y 时显著，系数 b_2 均显著，回归方程的拟合优度 R^2 得到了较大提升。

总的来说，美国数据显示在较短的期限内当期即期利率的预测能力相对较好，在较长的期限远期即期溢价的预测能力反而会好一些，这与利用中国数据进行回归的结果恰好相反。

表 2-13　预测即期利率回归结果（中美对比）

	Panel A：中国数据				Panel B：美国数据			
n	2Y	3Y	4Y	5Y	2Y	3Y	4Y	5Y
回归一：$s_1^n - s_1^0 = a + b_1(f_{n,n+1}^0 - s_1^0) + u$								
a	-0.12***	-0.17***	-0.25***	-0.23***	0.21	0.40	0.57	1.12*
	(0.04)	(0.05)	(0.06)	(0.07)	(0.41)	(0.73)	(0.75)	(0.61)
b_1	0.29***	0.23***	0.25***	0.21***	0.09	0.69***	1.30***	1.61***
	(0.08)	(0.06)	(0.06)	(0.06)	(0.28)	(0.26)	(0.10)	(0.34)
R^2	0.06	0.07	0.08	0.06	0.00	0.08	0.24	0.48
回归二：$s_1^n - s_1^0 = a + b_2(s_1^n - s_1^0) + u$								
a	0.00	-0.01	-0.01	-0.01	0.30	0.16	0.22	0.37
	(0.02)	(0.03)	(0.03)	(0.04)	(0.44)	(0.70)	(0.84)	(0.80)
b_2	0.93***	1.07***	1.20***	1.27***	0.87**	0.88***	0.90***	0.91***
	(0.35)	(0.27)	(0.23)	(0.20)	(0.40)	(0.20)	(0.13)	(0.21)
R^2	0.03	0.07	0.11	0.16	0.16	0.26	0.33	0.36
回归三：$s_1^n - s_1^0 = a + b_1(f_{n,n+1}^0 - s_1^0) + b_2(s_1^n - s_1^0) + u$								
a	-0.10**	-0.11**	-0.13*	0.00	0.04	0.15	0.22	0.79
	(0.04)	(0.05)	(0.07)	(0.08)	(0.43)	(0.74)	(0.84)	(0.79)
b_1	0.25***	0.15**	0.13*	-0.01	-0.14	0.19	0.76*	1.21***
	(0.08)	(0.07)	(0.07)	(0.07)	(0.24)	(0.30)	(0.43)	(0.45)
b_2	0.59*	0.68**	0.90***	1.29***	0.90**	0.82***	0.69***	0.38*
	(0.36)	(0.32)	(0.28)	(0.26)	(0.39)	(0.17)	(0.22)	(0.20)
R^2	0.07	0.09	0.13	0.16	0.16	0.26	0.40	0.51

注：括号中为标准差；* 代表 $p<0.1$；** 代表 $p<0.05$；*** 代表 $p<0.01$。

本小节利用线性回归模型实证检验了纯预期假说和风险溢价假说对即期收益率变动的预测效果，结果表明，根据纯预期假说构造的远期即期收益率溢价变量对短期即期收益率的变动有较好的预测能力，而根据风险溢价假说构造的自回归预测即期收益率变量对长期即期收益率有较好的预测能力。

2.5　结　论

本章探讨了纯预期假说和风险溢价假说对收益率曲线变化的解释力

度。我国现实情况是，对于短期限债券（一年以内）来说，纯预期假说比风险溢价假说的解释能力更强，也就是说当前即期收益率曲线的短端形态更多地反映了对未来收益率变动的预期，而风险溢价假说基本无法正确预测短端收益率的变动方向；然而，对于长期限债券（两年及以上）来说，风险溢价假说则比纯预期假说的解释能力更强，也就是说当前即期收益率曲线的长端形态更多地反映了不同期限零息债券的预期回报的差别。

这一发现与美国市场的证据恰好相反，中国的实证证据更支持纯预期假说而不是风险溢价假说。在中国债券市场，远期收益率更多地隐含了未来收益率变化，而不是不同期限债券预期回报率的差异。此外，对于纯预期假说也需要具体问题具体分析。从期限长短看，纯预期假说对于短期即期收益率变化的预测能力要优于对长期即期收益率变化的预测能力。分时期看，在重大金融危机发生期间（如次贷危机），纯预期假说对于长期即期收益率变化的预测能力要优于对短期即期收益率变化的预测能力。由于市场存在剧烈波动，纯预期假说对于短期收益率变化的预测能力减弱。在非金融危机发生的时间段内，纯预期假说对于短期即期收益率变化的预测表现要优于对长期即期收益率变化的预测表现。

第 3 章　收益率与风险

导语: 本章研究国债收益率和回报率与风险(久期、回报率波动率)之间的关系。通过分析 2006—2020 年上半年间的中国国债市场数据，我们发现：到期收益率随期限增加而增加，与久期呈凹形关系；在久期小于 8 的情况下，延长久期能够提高国债到期收益率；从持有期回报率来看，不同期限的国债组合也存在风险溢价，适当延长国债组合的投资期限能够获得超额回报，但是期限较长（5 年以上）的国债组合风险溢价并不稳定，也即其回报率波动率较大。以上结果表明适当延长国债组合的期限（或久期）能够提升国债组合的到期收益率和持有期回报率。

3.1　引　文

利率期限结构（term structure of interest rate）通常指无违约风险的即期收益率与到期期限的关系。利率期限结构对于金融市场意义重大，其构成了债券、股票、金融衍生品等几乎所有金融产品定价的无风险利率。利率期限模型越精准完善，越能进一步完善中国金融市场定价机制，促进利率市场化。

我国财政部发行的中央政府债券被称为国债。国债通常被人们看作无违约风险债券。我们可以通过交易价格、面值、息票利率、付息频率和剩余期限计算出市场上可以观察到期限的国债到期收益率，然后使用插值法构建到期收益率期限结构。目前,中央国债登记结算有限责任公司(简称"中债登"）是以 Hermite 插值法拟合每天的国债收益率曲线，并发布在中国债券信息网上。这里需要指出的是，到期收益率曲线不能被直接用来给其他金融产品（包括债券）定价，原因是到期收益率受到债券特征的影响，例如息票率和付息频率。也就是说我们不能用从橘子得来的信息给苹果定价，那样做会产生价格偏差导致套利。只有即期收益率（也就是无息债券收益率）才能作为无风险利率用于金融产品定价。在技术层面，我们需要假设前述到期收益率为面值收益率（par yields），然后通过 Bootstrapping 的方法计算得到一系列的即期收益率（假设 Par Bonds 每半年付息一次，可以通过即期收益率曲线得到 0.5、1、1.5、2、2.5…年期的即期收益率），最后我们再针对这些即期收益率的点进行插值，则得到一条完整的即期收益率曲线。

国内外学者提出了不同的利率期限结构理论。其中纯预期理论与风险溢价理论一直是利率期限结构模型的理论基础。人们对这些基础理论进行了完善与创新。比较主流的思想认为债券的利率期限结构既受到预期的影响，也受到风险溢价的影响。由于无法将两种因素彻底分离，本章重点研究风险溢价是否稳定存在，而不是区分不同期限结构因素的影响程度。

研究风险溢价通常都是以利率期限结构为基础的。目前，国内外大多数学者在绘制利率期限结构走势时，采用到期期限作为横坐标。这样的做法虽然能够直观地反映债券的剩余期限，却不足以反映出债券本身的风险。纵坐标一般使用到期收益率，而不是投资者更关注的投资回报率。本章在传统利率期限结构研究方法的基础上，将到期收益率替换成持有期回报率，并使用回报率波动率来直观地反映债券的风险程度。

本节内容希望帮助投资者评估延长投资组合的久期（期限）是否能够获得更高的回报。借鉴 Ilmanen（1995），我们利用中国国债市场 2006—2020 年上半年的数据来研究我国国债收益率（即期、到期）以及投资回报率与风险之间的关系（久期、波动率）。

3.2 利率风险与收益率的关系

3.2.1 收益率曲线证据

本节使用的即期收益率和到期收益率数据来自中国债券信息网，样本时间为 2006 年 12 月至 2020 年 6 月。我们选用不同期限债券每个月月末的数据进行研究。

表 3-1 汇报了收益率曲线主要期限的描述性统计。Panel A 汇报了即期收益率随着期限的变化情况：由于即期收益率均为零息国债，它们的久期等于到期期限。不难发现，随着期限的延长，国债的即期收益率有明显的上升趋势。1 月期（短期）国债即期收益率的均值为 2.37%，中位数在 2.32%，波动率为 0.81%；而 30 年期（超长期）国债即期收益率的均值为 4.43%，中位数为 4.42%，波动率为 0.52%。无论从均值还是中位

数看，我国即期收益率曲线都显示了"期限越长，收益率越高"的特征。同时，收益率期限越长，其波动率越小。这与长期限收益率有更多时间吸收经济冲击相一致。

表 3-1 收益率曲线和期限（久期）

期限	1M	3M	6M	9M	12M	3Y	5Y	7Y	10Y	20Y	30Y
Panel A：即期收益率											
均值（%）	2.37	2.52	2.59	2.64	2.68	3.05	3.28	3.49	3.61	4.03	4.43
中值（%）	2.32	2.58	2.65	2.70	2.74	3.06	3.23	3.48	3.60	4.18	4.41
波动率（%）	0.81	0.77	0.74	0.73	0.73	0.63	0.54	0.49	0.49	0.71	0.51
Panel B：到期收益率											
均值（%）	2.38	2.52	2.59	2.64	2.68	3.02	3.23	3.43	3.54	3.87	4.10
中值（%）	2.33	2.58	2.64	2.70	2.74	3.03	3.19	3.43	3.51	3.96	4.10
波动率（%）	0.81	0.77	0.74	0.73	0.73	0.62	0.53	0.48	0.47	0.64	0.41

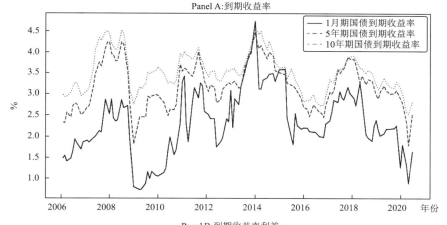

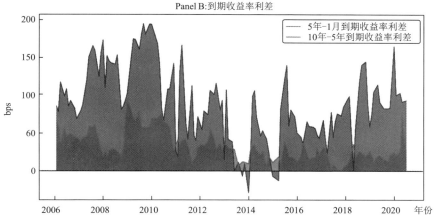

图 3-1 到期收益率随着时间的变化趋势

Panel B 汇报了到期收益率曲线上不同期限的描述性统计。可以发现随着期限的延长，到期收益率也呈现上升趋势，而到期收益率的波动率则随着期限的延长而逐渐下降。这与 Panel A 中即期收益率变化的趋势是一致的。此外，到期收益率的均值和中值在一年及以上的期限上均小于即期收益率，这是因为到期收益率实际上是即期收益率的一种几何加权平均。

图 3-1 绘制了到期收益率随着时间的变化趋势。Panel A 主要绘制了短期（3 月期）、中长期（5 年）以及长期（10 年）的到期收益率随着时间的变化情况，Panel B 则绘制了这三条收益率曲线的利差。在大部分时间里，期限越长，到期收益率越高，但也存在利差收窄甚至出现倒挂的情况（例如 2013 年末"钱荒"时）。此外，不难发现，短期收益率曲线的波动幅度明显更大，导致其与 5 年期的到期收益率利差也存在较大波动，而 5 年期与 10 年期的到期收益率则波动相对较小，且在历年来看 10 年期国债的到期收益率均高于 5 年期国债的到期收益率。这一结果表明期限较长的国债存在较为稳定的风险溢价，也即通过延长投资组合的期限能够获得更高的收益。

3.2.2 国债二级市场证据

为进一步了解通过延长投资组合的久期是否能够带来更高的投资回报，我们研究真实的国债交易数据。我们从锐思数据库获取了交易所 2006 年至 2020 年 6 月的国债交易数据。原始数据共涉及 311 只国债 99 732 天的交易数据，我们保留各只国债每月最后一次交易数据，并剔除缺失数据后，最终保留 290 只国债，6977 个国债—月份交易数据。

表 3-2 汇报了这些国债月末收盘时到期收益率和基于收盘价计算得到的修正久期的描述性统计，所有变量都在 1% 和 99% 水平上进行了缩尾处理。样本内国债的到期收益率均值为 2.92%。样本内的国债的修正久期均值为 4.85，中值为 3.52。而样本内国债的大部分为中长期国债，均值为 10.50，中值为 7，且 25 分位数表明超过 75% 的有交易记录的国债为 5 年期及以上的国债。在交易时，这些国债的剩余期限均值为 6.58 年，中值为 3.78 年，也即距离到期还有较长期限。

表 3-2　交易所国债交易数据：到期收益率和修正久期

变量	观测值	均值	标准差	P5	P25	P50	P75	P95
到期收益率（%）	6977	2.915	1.688	1.274	2.609	3.190	3.697	4.361
修正久期	6977	4.850	4.964	0.162	1.206	3.520	6.330	17.089
期限	6977	10.503	9.379	1.000	5.000	7.000	10.000	30.000
剩余期限	6977	6.577	9.187	0.162	1.252	3.781	7.208	27.904

全样本的到期收益率和修正久期的相关系数为 0.34，表明两者正相关。为了进一步确认延长久期是否能获得更高的到期收益率，我们采用 Fama-MacBeth 回归，回归结果见表 3-3。

表 3-3　到期收益率和修正久期的关系

	全样本		剩余期限 >1 年	
	（1）	（2）	（3）	（4）
修正久期	0.172***	0.595***	0.083***	0.210***
	（0.009）	（0.039）	（0.005）	（0.013）
修正久期的平方		−0.037***		−0.009***
		（0.003）		（0.001）
常数项	2.198***	1.544***	2.867***	2.567***
	（0.071）	（0.102）	（0.056）	（0.063）
观测值	6977	6977	5429	5429
平均 R 方	0.289	0.393	0.486	0.554

注：*** 表示在 1% 的水平上显著，括号中汇报了标准误。

列（1）主要考察了全样本下到期收益率和修正久期的关系：Fama-MacBeth 回归的系数表明在同一个时间节点上，修正久期越大，国债的到期收益率也越高，这一结果符合我们的直觉。从系数来看，修正久期每增大 1，则国债的到期收益率升高 0.172 个百分点，也即 17.2 个基点，这表明延长投资组合的久期能够获得更多的收益，且这一收益在经济上也非常可观。为了进一步探讨将期限延长至多长能够获得最大的收益，我们考虑修正久期的平方项，我们在列（2）中汇报了加入修正久期平方项的回归结果。结果表明，修正久期和到期收益率之间呈现一个凹函数的关系，随着修正久期的上升，到期收益率的上升速度逐渐下降，并且在达到 8.04[=0.595/（0.037×2）] 后开始下降。这一结果表明通过延长久期来获取更高的到期收益率也存在一个区间，在这个区间（例如 8.04）内通过延长投资组合的久期，可以获得更高的到期收益率；而当久期过大，利率变动带来的价格变动或许会更大，而到期收益率无法弥补这一利率风险，导致债券的性价比出现下降。

列（3）和列（4）汇报了剩余到期期限在 1 年以上的国债，上述结论依然成立。但从系数上来看，剩余期限在 1 年以上的国债，延长久期 1 年只能将收益率提升 8.3 个基点；对比列（1）的结果，延长久期 1 年可以将收益率提升 17.2 个基点。这一数值似乎表明在剩余期限更短的情况下（例如 1 年以内），久期越长，到期收益率上升幅度越大，而当债券剩余期限更长时，通过持有久期更长的债券来提升收益率效果有所下降。

本节的结果表明，通过持有期限更长、久期更大的国债，能够提升投资组合的到期收益率，但这一久期延长策略也有限度，以交易所国债的交易数据来看，在久期小于等于8的情况下，通过延长投资组合的久期，能够带来到期收益率的上升；而当久期过大时，国债的收益率已经不能弥补久期过大而相伴的利率风险，导致国债的到期收益率与久期呈负相关。此外，值得注意的是，久期和国债到期收益率呈现典型的凹函数关系，也即通过延长短期限的国债组合的久期能够获得更大的到期收益率的提升。

3.3　国债组合投资回报率与风险

上一节研究了国债的到期收益率和期限（也即久期及相应的利率风险）的关系，我们在本节进一步从债券的持有期回报率、期限以及波动率来进行研究。

3.3.1　国债组合回报率与风险的关系

我们在本节主要使用2006年至2020年6月的中债财富指数来考察债券组合的持有期回报率，中债财富指数提供了1~3年，3~5年，5~7年，7~10年和10年及以上期限的国债组合回报数据，我们根据每月末的指数收盘价格来计算持有期回报率。对于1年期以下的持有期回报率，我们采用了中国债券信息网提供的即期收益率计算持有期回报率，具体的计算方式参考式（3-1）和式（3-2）：

$$r = [\frac{1}{(1+s_{n-1}^*)^{n-1}} - \frac{1}{(1+s_n)^n}] / \frac{1}{(1+s_n)^n} \quad (3\text{-}1)$$

$$r = \frac{(1+s_n)^n}{(1+s_{n-1}^*)^{n-1}} - 1 \quad (3\text{-}2)$$

其中 s_n 表示 n 月期（$n=3,6,9$）的国债即期收益率，s_{n-1}^* 表示1个月后 $n-1$ 月期（$n=2,5,8$）的国债即期收益率，也即我们利用即期收益率所隐含的价格信息来计算持有相应期限的国债一个月所能够获得的回报。

表3-4汇报了各期限债券组合的月度持有期回报率的描述性统计。所有收益率数据都进行了简单年化（月度收益率乘以12）。

表 3-4 不同期限债券年回报率和其他数据，2006—2020 年

组合	算术均值	波动率	几何均值	几何溢价	夏普比率
1 月	2.44	0.75	2.44	—	—
3 月	2.54	1.28	2.54	0.10	14.59
6 月	2.69	2.03	2.67	0.23	17.78
9 月	2.81	2.61	2.78	0.34	17.65
1～3 年	3.23	4.73	3.12	0.69	20.65
3～5 年	3.67	8.64	3.31	0.88	20.05
5～7 年	3.88	11.74	3.21	0.78	19.72
7～10 年	3.93	14.34	2.91	0.48	15.81
超过 10 年	4.68	22.93	1.99	-0.44	11.16

表 3-4 的前两列汇报了相应的算术平均和波动率，算术平均回报曲线单调递增，债券的持有期回报率随着期限的延长而增大，存在明显的"风险溢价"特征。然而从几何平均回报曲线来看，平均回报率在大于 5 年后出现急剧的下降，呈现出明显的倒挂现象。在曲线的前段（5 年期限之前）则存在正的债券风险溢价：1 月期和 1～3 年期之间存在大约 80 个基点差异，1～3 年和 3～5 年期之间存在大约 30 个基点差异。债券组合的回报波动率呈现出期限越长，回报率波动越剧烈的特征。这一点与债券的到期收益率恰恰相反。

算术平均值通常会夸大债券回报率的历史表现，但可以作为对预期回报的衡量。几何平均值则反映了各种策略在样本上累积的多期复合回报，是对回报率更真实的衡量。如表 3-4 所示，几何平均在 3～5 年期的国债组合即达到最大值，随后，随着投资组合期限的延长而下降。作为比较，我们汇报了各投资组相比于 1 月期国债的几何收益率的溢价，这一溢价在 3～5 年期的国债组合下达到最大值，而在超过 10 年期的国债组合上，其溢价为负。

为了衡量国债的风险调整后的风险溢价，我们计算国债组合的夏普比率。夏普比率的计算公式如下（其中超额回报率为债券持有期回报率与无风险利率的差值）：

$$夏普比率 = \frac{回报率 - 无风险利率}{回报率波动率} \tag{3-3}$$

为了计算 2006—2020 年夏普比率的平均状态，我们采用各国债组合的超额回报率均值比上回报率波动率来得到夏普比率，即表 3-4 中所列出的夏普比率。债券回报波动率的这一特征使得夏普比率与期限呈现出一个

倒"U"形，1 年期以上债券的夏普比率呈现一个下降的态势。这反而使得一些期限较短的债券夏普比率更高，即一些短期国债的收益率相对于风险的性价比更高。总结表 3-4 可以得出：债券期限越长，回报率波动率越高；回报率的算术平均值单调增长，但回报率的几何平均值并非单调增长。对于 5 年期以上的债券，债券的几何平均值并不符合"高风险—高回报"的特征。从投资性价比看，中短期债券的夏普比率更高，因此收益相比于风险的投资效率更高。

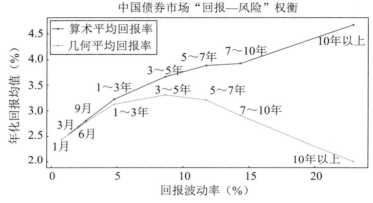

图 3-2　平均回报率与回报波动率

图 3-2 显示了回报率的算术平均值和几何平均值与回报波动率之间的可视化关系。算术平均回报率从 1 月期到 20 年期，随着债券风险增加，回报率呈上升趋势。这一趋势说明市场对于更长期限的债券有一个更高的预期回报。几何平均回报率与回报波动率的关系曲线是上凹的，出现明显的倒挂现象。

3.3.2　不同时间区间的分析结果

我们进一步考察不同时段的回报率与风险的关系。图 3-3 显示了算术平均回报率和几何平均回报率的四个子时段的回报—风险曲线。从两幅子图可以明显看出在 5 年期以上时，回报率的算术平均值要明显高于其几何平均值。

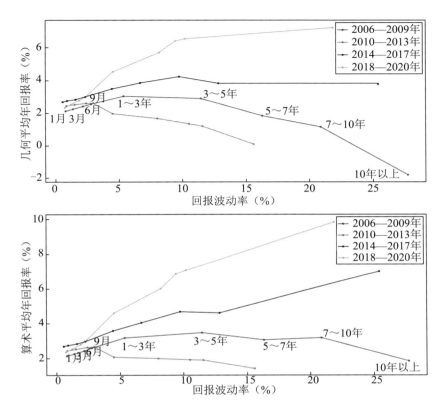

图 3-3 2006—2020 年 4 个时间段中国债券的平均回报—风险权衡

我们对两幅图进行具体分析。从几何平均回报率来看，债券市场在 2018 年至 2020 年时段，回报率随着波动率增大而增大，曲线向上倾斜；在 2014 年至 2017 年，回报率和波动率的变化关系不明显；在 2006 年至 2009 年、2010 年至 2013 年两个时段看跌，回报率随着波动率增大而降低，曲线向下倾斜。在 2006 年至 2009 年时期，期限大于 10 年的债券组合甚至出现负的回报率。从算术平均回报率来看，债券市场在 2018 年至 2020 年、2014 年至 2017 年两个时段，回报率随着波动率增大而增大，曲线向上倾斜；在 2006 年至 2009 年、2010 年至 2013 年两个时段，回报率随着波动率的增大出现轻微的倒挂。

通过以上子时段的结果，我们至少可以证实在回报率曲线前段是存在风险溢价的。对于曲线后段，风险溢价并非稳定存在，但是对于波动率较大的债券往往存在较高的预期回报。

我们进一步探索一些时期回报率曲线倒挂的反常现象。我们首先考虑样本选取的问题。回报率曲线反常时期的两段样本分别是 2006—2009 年（跨金融危机），2010—2013 年（金融危机恢复期）。图 3-3 中的横轴显示债券回报率波动率,纵轴显示平均回报率。结果表明在其他子时段全部期限的债券组合回报率均随波动率上升而上升,也即高风险的债券组合回报率更高。在2006—2009年、2010—2013年时段,超过1年期的国债的回报率/波动率比率均呈下降趋势或水平态势。这表明在金融危机期间,投资短期债券有更高的回报率。这一发现显示了我国债券投资主动策略的必要性——投资不同期限债券的风险回报效率随经济环境变化可能截然不同。

3.3.3 投资期限与超额回报率

根据上述结果,我们进一步考察不同投资期限以及超额回报率之间的关系。理论上投资组合的期限越长,在风险溢价假说的要求下,投资组合的回报率也应该越高。

我们进一步绘制了各个时间点的收益率差来考察这一观点。我们采用12个月的移动平均方式来计算各月各期限国债的平均回报率,并在图3-4中绘制了其中两组平均回报率的差值。图3-4显示1~3年期国债与1月期国债的回报率利差围绕0上下波动,波动幅度相对较小。7~10年期国债与1~3年期国债的回报率利差时正时负,随时间波动较为明显,尤其是在金融危机期间。这与之前发现的远端长期国债回报率不符合整体回报率随期限增长呈上升趋势的结果相佐证。也即,在中国国债市场上,通过延长国债组合的期限不一定能够获得稳定的超额回报。

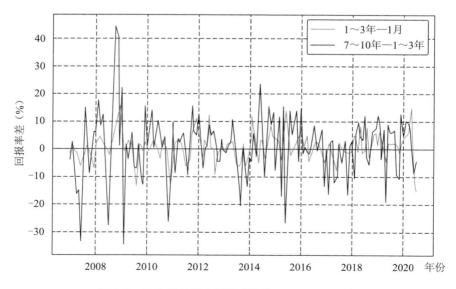

图3-4　12个月的滚动回报率溢价,2006—2020年

这一现象可能的原因是中国长期国债市场的流动性不如短期国债，导致定价偏差。不论持有者为保险公司还是基金，大多数投资者在购入超长期国债后，将其视为风险较小的战略资产，选择长期持有而不在市场中进行交易。

最后，我们结合到期收益率和持有期回报率的数据给出一个简单的统计。我们统计不同期限国债相比于1月期国债以及相邻较短期限国债（例如，6月期国债的相邻较短期限国债为3月期国债）具有更高到期收益率和持有期回报率的频率。

表 3-5 关于不同期限债券的到期收益率和持有期回报率的频率统计

到期收益率			持有期回报率					
				月回报率		年回报率		
	高于 1月期	高于 前一期限		高于 1月期	高于 前一期限	高于 1～3Y 期	高于 前一期限
1M	—	—	1M	—	—		
3M	0.80	0.80	3M	0.54	0.54	—	—
6M	0.80	0.81	6M	0.56	0.57		
9M	0.81	0.84	9M	0.56	0.57		
1Y	0.82	0.91	1～3Y	0.56	0.55	—	—
2Y	0.93	0.97	3～5Y	0.60	0.55	0.62	0.62
3Y	0.94	0.96	5～7Y	0.59	0.59	0.65	0.65
5Y	0.98	0.99	7～10Y	0.59	0.50	0.64	0.61
10Y	0.99	0.99	>10Y	0.57	0.56	0.66	0.65

对于到期收益率（表 3-5 左侧）来说，各个期限的到期收益率利差为正的频率非常高，随着期限的延长频率逐渐接近于 1。这说明收益率曲线在国债市场上基本是完全向上倾斜的。表 3-5 右侧则汇报了各国债组合的月度回报率以及过去 12 个月的年度回报率跑赢 1 月期国债或前一期限组合的回报率的频率。从月度回报率来看，各期限的国债组合都似乎很难有稳定的超额收益。而从年度回报率来看，持有期限长的国债组合更长的时间（1 年），获得更高的回报率的频率有一定的上升，能达到 60% 以上，这一结果说明长期国债确实存在一定的风险溢价，但通过延长国债组合的期限不一定能够稳定地获得超额回报率。

3.4 结　论

本章重点分析了国债收益率、持有期回报率与风险（期限、波动率）的关系。总体上看，中国国债市场在风险溢价的判定上出现分化。对于即期收益率和到期收益率来说，两种收益率整体呈增长趋势。对于回报率来讲，曲线前段的风险溢价较为稳定而后段存在不稳定的风险溢价，即超长期国债虽然风险更高，但并不具有稳定的更高的超额回报率。

从久期的角度来衡量债券风险，本节发现久期和国债到期收益率呈现典型的凹函数关系，即在一定期限内延长国债组合的久期能够获得更高的收益。以交易所国债的交易数据来看，在久期小于等于 8 的情况下，通过延长投资组合的久期，能够带来到期收益率的上升；而当久期过大时，国债的到期收益率已经不能弥补久期过大而相伴的利率风险，导致国债的到期收益率与久期呈现负相关。

从持有期回报率来看，不同期限的国债组合也存在风险溢价，适当延长国债组合的投资期限能够获得超额回报，但是期限较长（5 年以上）的国债组合风险溢价并不稳定，随着风险的上升，国债组合的回报率不一定上升。

总体而言，本节的结果表明适当延长国债或是国债组合的期限能够提升到期收益率和持有期回报率，但在投资更长期限的国债时，需要更加谨慎。

第 4 章 凸性偏差与收益率曲线

导语：久期和凸性在决定债券价格的过程中起到了重要的作用。数学上，久期和凸性分别是债券收益率变化展开的一阶项和二阶项，对收益率曲线的变化和形状有重要影响。在上一章中，我们对久期进行了研究。本章中，我们将目光放在凸性偏差上，探讨凸性对收益率曲线以及债券回报率的影响。我们回测了 2006 年 1 月至 2020 年 6 月间"哑铃—子弹"投资策略的表现，发现中国市场上，凸性更高的"哑铃"显著地表现出比久期匹配的"子弹"更低的回报率（更高的价格）。通过"收益率—久期—凸性"模型分解回报率，我们发现凸性也能带来一定回报，但长期总回报率更依赖于收益率的大小和久期的影响。总的来说，通过为投资者降低利率波动风险，"凸性"能够为债券投资带来价值，并一定程度上影响债券的收益率及回报率。

4.1 凸性的基本概念

债券的凸性（convexity）表现为债券价格—收益率曲线的曲度（curvature），反映了债券的修正久期（modified duration）对到期收益率变化的敏感程度。图4-1显示，对于一条正凸的曲线而言，当收益率变化时，实际的债券价格变化会大于用修正久期计算的债券价格变化。当收益率变化较小的时候，误差比较小，但如果收益率变动较大，误差就会很大。因此，通过在线性近似上增加一个代表凸性的二次项，我们能够更好地模拟实际的价格—收益率曲线。基于债券价格—收益率关系的二阶泰勒级数展开，给定收益率的变动 Δy，债券价格变动的百分比（$100 \cdot \Delta P / P$）如式（4-1）所示：

$$100 \cdot (\frac{\Delta P}{P}) \approx -\text{Duration} \cdot \Delta y + 0.5 \cdot \text{Convexity} \cdot (\Delta y)^2 \quad (4\text{-}1)$$

其中，久期等于 $-(100/P) \cdot (dP/dy)$，凸性等于 $(100/P) \cdot (d^2P/dy^2)$。

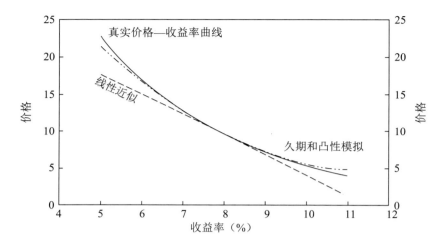

图 4-1 零息债券的价格—收益率曲线

凸性的价值来源于正凸性债券价格—收益率曲线的基本性质：给定收益率变化幅度，收益率下降对债券价格的拉动作用比收益率上涨对价格的抑制作用更大。即使投资者无法判断利率变动的方向，价格—收益率的非线性关系，也能使他的期望收益大于期望损失。尤其是当收益率变动较大的时候，这种影响就很大了。举一个简单的例子，在确定的情况下，假设一只面值为 100 元的 30 年零息债券的到期收益率会保持在 8%，则这种情况下，这只债券的波动率和凸性价值都为零（$y=8\%$，$P=9.50$）；在不确定的情况下，假设债券的到期收益率有 50% 的可能性上涨至 10%，50% 的可能性下降至 6%，投资者不知道利率的运动方向，但是知道变动幅度为 200 基点。我们发现，两种可能下的债券价格都比线性近似的结果要高（$y=10\%$，$P=5.40$；$y=6\%$，$P=17.00$），而债券的预期价格正是这两种价格的平均：$E(P) = 0.5 \times 5.40 + 0.5 \times 17.00 = 11.20$。它比收益率维持不变时的债券价格要高（$y=8\%$，$P=9.50$），而高出的 1.70（=11.20-9.50）就反映了凸性的预期价值。当出现 200 个基点的波动时，预期债券价格比无波动时高 1.70，可见，更高的波动率能够优化正凸性债券的表现。

债券凸性正负的决定因素是债券是否带有债务人提前赎回期权（call options）。带有这些期权的债券通常凸性为负，例如：提前赎回期权或提前偿还期权。对于这些负凸性的债券，当收益率下降时，赎回期权价格上涨会对债券价格上涨的潜力形成抑制和"封顶"（cap）。不带有此类提前赎回期权的普通债券都具有正凸性。本章主要讨论不含权债券的凸性，对于不含权债券而言，债券的凸性通常为正，其计算公式如式（4-2）所示，

第4章 凸性偏差与收益率曲线

导语：久期和凸性在决定债券价格的过程中起到了重要的作用。数学上，久期和凸性分别是债券收益率变化展开的一阶项和二阶项，对收益率曲线的变化和形状有重要影响。在上一章中，我们对久期进行了研究。本章中，我们将目光放在凸性偏差上，探讨凸性对收益率曲线以及债券回报率的影响。我们回测了2006年1月至2020年6月间"哑铃—子弹"投资策略的表现，发现中国市场上，凸性更高的"哑铃"显著地表现出比久期匹配的"子弹"更低的回报率（更高的价格）。通过"收益率—久期—凸性"模型分解回报率，我们发现凸性也能带来一定回报，但长期总回报率更依赖于收益率的大小和久期的影响。总的来说，通过为投资者降低利率波动风险，"凸性"能够为债券投资带来价值，并一定程度上影响债券的收益率及回报率。

4.1 凸性的基本概念

债券的凸性（convexity）表现为债券价格—收益率曲线的曲度（curvature），反映了债券的修正久期（modified duration）对到期收益率变化的敏感程度。图4-1显示，对于一条正凸的曲线而言，当收益率变化时，实际的债券价格变化会大于用修正久期计算的债券价格变化。当收益率变化较小的时候，误差比较小，但如果收益率变动较大，误差就会很大。因此，通过在线性近似上增加一个代表凸性的二次项，我们能够更好地模拟实际的价格—收益率曲线。基于债券价格—收益率关系的二阶泰勒级数展开，给定收益率的变动 Δy，债券价格变动的百分比（$100 \cdot \Delta P / P$）如式（4-1）所示：

$$100 \cdot (\frac{\Delta P}{P}) \approx -\text{Duration} \cdot \Delta y + 0.5 \cdot \text{Convexity} \cdot (\Delta y)^2 \qquad (4\text{-}1)$$

其中，久期等于 $-(100/P) \cdot (dP/dy)$，凸性等于 $(100/P) \cdot (d^2P/dy^2)$。

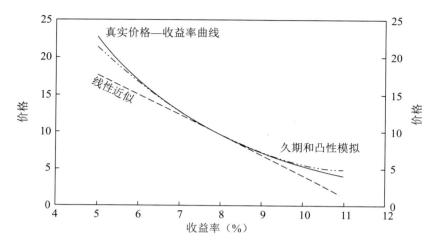

图 4-1 零息债券的价格—收益率曲线

凸性的价值来源于正凸性债券价格—收益率曲线的基本性质：给定收益率变化幅度，收益率下降对债券价格的拉动作用比收益率上涨对价格的抑制作用更大。即使投资者无法判断利率变动的方向，价格—收益率的非线性关系，也能使他的期望收益大于期望损失。尤其是当收益率变动较大的时候，这种影响就很大了。举一个简单的例子，在确定的情况下，假设一只面值为 100 元的 30 年零息债券的到期收益率会保持在 8%，则这种情况下，这只债券的波动率和凸性价值都为零（$y=8\%$, $P=9.50$）；在不确定的情况下，假设债券的到期收益率有 50% 的可能性上涨至 10%，50% 的可能性下降至 6%，投资者不知道利率的运动方向，但是知道变动幅度为 200 基点。我们发现，两种可能下的债券价格都比线性近似的结果要高（$y=10\%$, $P=5.40$；$y=6\%$, $P=17.00$），而债券的预期价格正是这两种价格的平均：$E(P) = 0.5 \times 5.40 + 0.5 \times 17.00 = 11.20$。它比收益率维持不变时的债券价格要高（$y=8\%$, $P=9.50$），而高出的 1.70（$=11.20-9.50$）就反映了凸性的预期价值。当出现 200 个基点的波动时，预期债券价格比无波动时高 1.70，可见，更高的波动率能够优化正凸性债券的表现。

债券凸性正负的决定因素是债券是否带有债务人提前赎回期权（call options）。带有这些期权的债券通常凸性为负，例如：提前赎回期权或提前偿还期权。对于这些负凸性的债券，当收益率下降时，赎回期权价格上涨会对债券价格上涨的潜力形成抑制和"封顶"（cap）。不带有此类提前赎回期权的普通债券都具有正凸性。本章主要讨论不含权债券的凸性，对于不含权债券而言，债券的凸性通常为正，其计算公式如式（4-2）所示，且大小主要由现金流的分布决定。

$$\text{Convexity} = \frac{1}{P \cdot (1+y)^2} \sum_{t=1}^{T} \left[\frac{\text{CF}_i}{(1+y)^t}(t^2+t) \right] \quad (4\text{-}2)$$

如式（4-3）所示，对于零息债券而言，凸性约等于修正久期的平方。为了更清晰地展现凸性和久期的关系，我们选取了中债 2002 年 1 月至 2020 年 6 月的即期收益率数据，利用 Cubic Splines 插值法计算和建立完整的即期收益率曲线，并基于即期收益率曲线计算出不同期限零息债券对应的凸性和修正久期。图 4-2 展示了零息债券凸性和修正久期的关系。可以看到，凸性不仅随着久期增加，而且增加得会越来越快。

$$\text{Convexity} = \frac{T^2+T}{(1+y)^2} \approx \text{Modified\_Duration}^2 \quad (4\text{-}3)$$

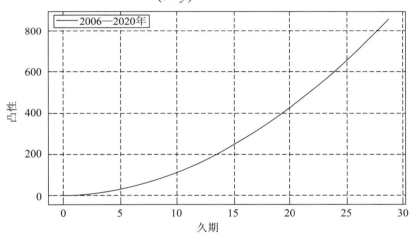

图 4-2 零息债券凸性与久期的关系

凸性也会随着债券现金流的分散而上升。一个由短期零息债券和长期零息债券组成的"哑铃型"投资组合，相比于和它久期匹配的中期零息债券（"子弹"）而言，具有更分散的未来现金流，因此也具有更大的凸性。对于同一久期的所有债券而言，零息债券的凸性是最小的，因为它的现金流毫不分散。附息债券或者投资组合的凸性可以看作是一系列零息债券的凸性之和——额外的凸性就是由现金流分散带来的。

4.2 凸性偏差对收益率曲线的影响

我们已经展示了正凸性对于债券投资而言能够带来价值，以及不同期限、不同波动率的债券的凸性价值会有很大差别。接下来，我们要证明凸性的差别可能会抵消不同期限收益率的差别。如果一只债券有正凸性，投资者出于凸性会增加预期回报率的考虑，愿意支付更高的价格，导致更低的到期收益率。比如，由于长期债券有非常高的凸性，长期债券的价格可能会高于短期债券，也即长期债券的到期收益率可能会更低。

我们暂时不考虑其他因素对收益率曲线的影响，以此来研究凸性对收益率曲线的独立影响。我们假设所有的债券预期回报相同（5%），市场预期短期利率会保持在目前水平（5%），然后我们考察即期收益率曲线和一年期远期利率曲线的形状。考虑到没有债券风险溢价，预期的利率变化也为零，有人可能会预期它们都会变化形成8%的水平曲线。然而，在凸性价值的影响下，即期收益率曲线和一年远期利率曲线加速下降，因为需要较低的收益率来抵消长期债券的凸性价值。

具体而言，如式（4-4）所示，经凸性调整后的预期回报率等于滚动收益率加上凸性价值，其中凸性价值的计算方法如式（4-5）所示。基于假设，所有的债券经凸性调整后的预期回报率都是5%，我们再假设波动率均为100基点，就能够从式（4-4）中反推各期零息债券的滚动收益率（rolling yield，即一年期的远期收益率）。举例而言，如果一只长期的零息债券的凸性是2.25，凸性的价值大约就是 $0.5 \times 2.25 \times 1^2 = 1.125\%$。那么，考虑到它近期的预期年化回报率是5%，这只零息债券的滚动收益率就是3.875%。以此我们可以得到一年远期利率曲线（即滚动收益率曲线），并可以由远期利率曲线进一步推导出即期收益率曲线。

$$经凸性调整的预期回报率 = 滚动收益率 + 凸性价值 \quad (4\text{-}4)$$

$$凸性价值 \approx 0.5 \cdot \text{Convexity} \cdot (\text{Vol}(\Delta y))^2 \quad (4\text{-}5)$$

图4-3展示了凸性对收益率曲线形状的独立影响，其中凸性价值体现为一年期预期回报率曲线与一年期远期收益率曲线的差值。正如图4-3所示，由于长久期债券凸性优势的存在，其不再需要那么高的收益率以获得相同的近期预期回报，因此即期利率曲线和一年远期利率曲线表现出向下倾斜的趋势。

所谓的"凸性偏差"，就是凸性价值的相反数，也就是 $-0.5 \times \text{Convexity} \times (\text{Vol}(\Delta y))^2$，其直观地体现了凸性负向影响收益率。图4-3展现了凸性偏差单独作用时，尤其是在长久期上，倾向于使收益率曲线倒挂。需要注意的是，在这个假想案例中我们假设了收益率曲线上的所有债券都拥有相同的近期预期回报率与收益率波动，但真实情况往往并非如此。这个假想案例主要是为了突显凸性偏差是导致收益率曲线弯曲和长端向下倾斜的主要因素。

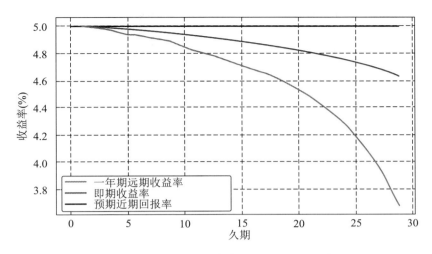

图 4-3 凸性对收益率曲线形状的独立影响

我们现在依次放松这两个假设：首先放松相同近期预期回报率假设，我们利用不同期限回报率的历史均值来代替预期回报率。其次放松相同波动率假设，我们计算出每周收益率变动基点的年化标准差，并以此构建出一条各期限收益率的波动率曲线。如图4-4所示，波动率的期限结构通常是倒挂的：长期利率的波动性比短期利率的波动性要小。因此，虽然凸性以久期平方的函数增长，但凸性价值受波动率的期限结构影响并非完全如此。如图4-5所示，即使将波动率的这种期限结构纳入考虑范围，凸性的价值还是会随着久期快速增长，而波动率曲线的倒挂只是在一定程度上减缓了增速。

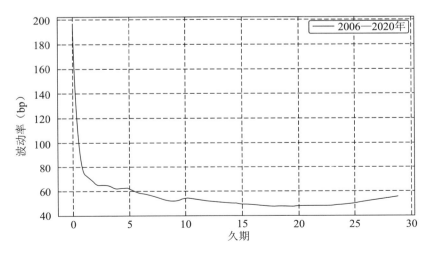

图 4-4 收益率波动的期限结构

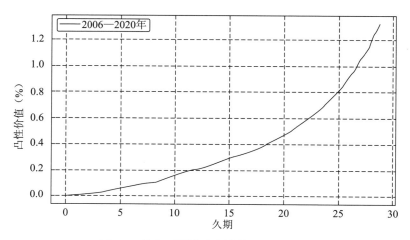

图 4-5 给定不同波动率结构下的凸性价值

此外,凸性并不是影响收益率曲线形状的唯一因素,收益率曲线一般是向上倾斜的,可能反映了债券风险溢价(投资者对长期债券会要求更高的期望回报率)或是债券收益率变动预期(投资者预期长端收益率会上行,因此要求更高的初始收益率)。从风险溢价的角度考虑,在收益率曲线的前端,凸性偏差非常小,以至于并不能抵消正风险溢价的影响;但在收益率曲线的末端,凸性偏差可以很大,以至于即使有正的风险溢价在,收益率曲线还是逐渐变平甚至可能出现倒挂。我们利用经插值构建出的即期收益率曲线计算出各期限债券的一年持有期回报率,以及经波动率期限结构调整后的各期限债券的凸性价值对图 4-3 进行改进,并绘制出图 4-6。图 4-6 展示了放松之前两个假设后真实的收益率曲线,同时呈现了在现实条件下凸性价值对收益率曲线的影响,可以看出,在收益率曲线末端,凸性偏差虽然并没有明显地使收益率曲线倒挂,但一定程度上使得收益率曲线更加平缓化。

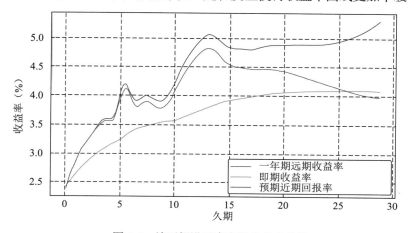

图 4-6 放开假设后真实的收益率曲线

本小节从理论上说明了当预期利率变化为零时，债券的即期利率应该等于滚动收益率加上凸性价值。本节也利用中债数据和 Cubic Splines 插值法构建的收益率曲线验证了凸性价值会对收益率曲线产生一定影响。凸性的价值体现在，其他条件相同时，凸性更大的债券在收益率下降时，价格上升较快，而在收益率上升时，价格下降较慢。也就是说，存在较大利率波动时，凸性能为债券投资起到一定的保险效果。因此考虑到未来收益率的波动，由于长期的债券具有更高的凸性价值，投资者认为债券的正凸性能够增强其表现，因此愿意为这一部分"保险"支付更高的价格，也即长期债券的收益率变低。因此，债券的收益率曲线在长端可能出现逐渐平坦化甚至倒挂的趋势，即长期债券的收益率可能低于短期债券的收益率。

4.3 凸性对债券投资组合的影响

参考已有研究（Ilmanen，1995c），在本小节我们通过构建正凸性的投资组合来衡量凸性对债券收益率的影响。我们利用真实的交易数据，通过模拟"哑铃—子弹"交易策略的历史表现，探究凸性对债券收益率及回报率的实际影响。

"哑铃—子弹"投资组合，包括组成"哑铃"的短期债券和长期债券各一只，以及充当"子弹"的中期债券一只。我们的投资方向是买入"哑铃"，卖出"子弹"，由于前者的凸性更大，这一买卖方向体现了"看多凸性"的思路。

同时，为了抵消久期等其他因素的影响，策略中"哑铃"和"子弹"将进行月度调仓，以保证现金中性（cash neutral）及久期中性（duration neutral）。这使得"哑铃"与"子弹"的久期相同，只是前者凸性更高。这一策略可以让我们在控制久期的情况下，观测凸性对债券收益率及回报率的影响。

我们的模拟策略是：在每个月的月底随机买入当时符合期限要求的三只国债（短期、中期和长期各一只），在下月底卖出，并同时随机买入三只新的符合期限要求的国债。关于不同期限债券买入的数量，我们按照现金中性与久期中性的原则进行配置。具体而言，我们假设短期、中期、长期国债的交易数量分别为 w_s、w_m、w_l，久期分别为 D_s、D_m、D_l，价格分别为 P_s、P_m、P_l，则为满足久期中性和资金中性，需要同时满足式（4-7）和式（4-8）：

$$w_s D_s + w_l D_l = w_m D_m \tag{4-7}$$

$$w_s P_s + w_l P_l = w_m P_m \quad (4\text{-}8)$$

注意这里的久期和价格均是在当月底进行投资时的久期和价格。我们设中期国债交易数量 $w_m = 1$，联立式（4-7）、式（4-8），得到短期国债和长期国债的交易数量：

$$w_s = \frac{D_l P_m - D_m P_l}{D_l P_s - D_s P_l} \quad (4\text{-}9)$$

$$w_l = \frac{D_m P_s - D_s P_m}{D_l P_s - D_s P_l} \quad (4\text{-}10)$$

使用上面方法得到的"子弹"债券和"哑铃"债券具有相同的久期、不同的凸性大小，因此我们可以通过"哑铃—子弹"投资组合的构建来考察凸性偏差对债券投资回报率的影响。

我们使用的原始数据来自锐思（RESSET）数据库。我们获取了2006年1月到2020年6月间的交易所国债交易数据。综合流动性与数据可得性，样本选取的短、中、长期国债的剩余期限分别为0.5～1.5年期、4～6年期与10～20年期。

我们首先计算债券年化后的月度回报率，回报率为债券的资本利得（capital gain），即价格变动带来的收益/损失，加上利息收入。式（4-11）为回报率的计算公式，我们在第 t-1 月买入相应债券，并在第 t 月卖出相应债券，债券的资本利得是由债权的全价（dirty price）进行计算得到；而债券的利息收入则根据债券的票息，以及卖出的日期决定，如果第 t 月为付息月份且付息日早于债券的卖出日期，则 $\mathbb{I}_t$ 为1，否则为0。

$$R_t = \frac{\text{DirtyPrice}_t + \mathbb{I}_t \cdot \text{Coupon}}{\text{DirtyPrice}_{t-1}} - 1 \quad (4\text{-}11)$$

对于同一时期可能存在多只符合期限要求的债券的情况，我们按各类期限随机抽取一只符合要求的债券，并通过多次模拟来得到无偏的结果。我们根据买入时各债券的久期和价格进行匹配，得到各期买入数量 w_s、w_m 与 w_l，构建出"哑铃—子弹"投资组合后，我们可以计算出"哑铃—子弹"组合的回报率、回报率波动及久期和凸性。

那么凸性更高的"哑铃"投资组合相比于"子弹"在回报率上会有怎样的表现呢？我们首先给出了模拟5次"哑铃—子弹"投资组合的表现，结果如图4-7所示。图4-7中，我们假设初始资金为100，根据市场表现每月更新"哑铃—子弹"投资组合的净值，回测的时间范围为2006年1月到2020年6月（共174个月）。可以看到，在5次模拟中有3次"哑铃—子弹"投资组合最终亏损，2次"哑铃—子弹"投资组合最终盈利，且最大亏损幅度大于最大盈利幅度。

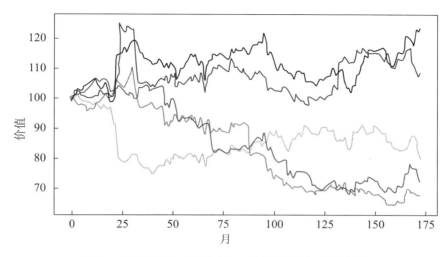

图 4-7 随机模拟 5 次"哑铃—子弹"投资组合的表现

由于模拟 5 次可能存在较大的抽样偏差，我们通过模拟 10 000 次来得到"哑铃—子弹"投资组合回报率的分布。我们基于每一次模拟的结果计算出该次模拟下的年化回报率，并将这 10 000 次模拟所得到的年化回报率的分布绘制成直方图。如图 4-8 所示，"哑铃—子弹"投资组合的回报率大致呈正态分布，均值为 -0.87%。同时，我们对回报率进行 t 检验，表 4-1 的 t 检验结果显示，"哑铃—子弹"投资组合的回报率显著小于零。可见，在回报率方面，采取"哑铃—子弹"这一看多凸性的策略，每年大约能够带来 1% 左右的负回报。这与 Salomon Brothers 对美国 1980 年至 1994 年间市场上"1 月 -5 年 -30 年"的"哑铃—子弹"投资研究结果是一致的，该案例中美国"哑铃—子弹"的回报率为 -1.06%。因此，投资者为了凸性价值放弃了一定的回报。

同时，我们还关心"哑铃"组合相比"子弹"是否有更低的波动率。我们以回报率的标准差来衡量波动率，每一次随机模拟过程中，我们计算了 174 个月"哑铃"组合以及"子弹"的回报率波动率，并计算这两者的差值。图 4-9 汇报了这一差值在随机模拟 10 000 次的分布。"哑铃"组合与"子弹"的波动率差值的均值为 -1.24%，中位数为 -1.39%。根据表 4-1 的 t 检验结果，"哑铃"组合与"子弹"回报率波动性的差值显著为负。可见，虽然"哑铃—子弹"这一看多凸性的策略每年会带来负回报，但"哑铃"组合倾向于比"子弹"有更低的波动率。即"哑铃"组合的风险整体而言更低。

表 4-1　基于 10 000 次模拟的回报率和回报率波动率的 t 检验结果

	观测值	均值	标准差	t-stat	p-value
年化回报率	10 000	−0.87	0.01	−63.59	<0.01
回报率波动率	10 000	−1.24	0.01	−108.67	<0.01

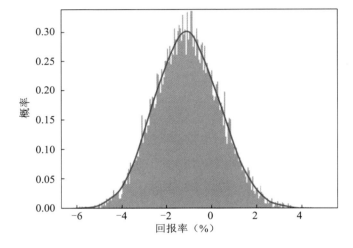

图 4-8　随机模拟 10 000 次"哑铃—子弹"投资组合回报率分布

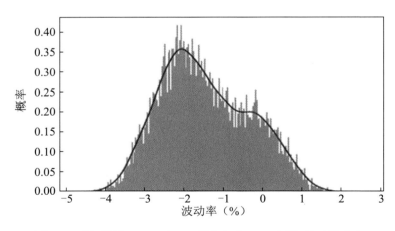

图 4-9　随机模拟 10 000 次"哑铃"组合—"子弹"波动性分布

表 4-2 中分别汇报了 10 000 次模拟中"哑铃—子弹"投资组合回报率最优和最差的组合的具体情况，其中回报率为算术平均，对应的波动率为标准差，结果都经过了年化处理。10 000 次模拟中"哑铃—子弹"投资组合回报率最高为 4.57%，最低为 −5.35%。

表 4-2　10 000 次模拟中"哑铃—子弹"组合的最优和最差表现

	短期国债	长期国债	哑铃	子弹	"哑铃—子弹"组合
Panel A 最优组合					
回报率均值（%）	4.05	0.97	3.22	-1.35	4.57
回报率波动率(%)	7.48	5.57	5.22	5.60	7.51
平均久期	0.92	10.77	4.49	4.49	0.00
平均凸性	1.68	144.26	51.79	24.47	27.32
Panel B 最差组合					
回报率均值（%）	-0.86	0.99	-0.15	5.20	-5.35
回报率波动率(%)	7.11	6.37	4.95	5.40	7.26
平均久期	0.91	10.94	4.44	4.44	0.00
平均凸性	1.65	148.59	52.30	24.04	28.26

针对同一时期存在多个符合期限要求的债券的情况，除了上文选用的随机抽样的方法外，为了避免过于抽象，我们还提供了三种具体的抽样情形下"哑铃—子弹"组合回报率的结果。

情形一：总是选择到回报率最高的债券。在 2006 年 1 月至 2020 年 6 月间，假设我们进行月度调仓时总是选择到未来一期回报率最高的债券。

情形二：总是选择到回报率最低的债券。在 2006 年 1 月至 2020 年 6 月间，假设我们进行月度调仓时总是选择到未来一期回报率最低的债券。

情形三：总是选择最新的债券。在 2006 年 1 月至 2020 年 6 月间，假设我们进行月度调仓时总是选择到最新发行的债券。

表 4-3 汇报了三种抽样情形下"哑铃—子弹"组合的表现。

如果假设总是选择到回报率最高的债券，"哑铃—子弹"组合的平均年化回报率为 -4.93%。具体来看，"哑铃"组合的回报率为 12.88%，低于"子弹"的回报率 17.81%，但"哑铃"组合的回报率波动率仅为 5.87%，低于"子弹"的回报率波动率 6.36%，"哑铃"组合虽然没有带来超过"子弹"的正回报，但是降低了波动性，这与前文的实证结果相符。

如果假设总是选择到回报率最低的债券，"哑铃—子弹"组合的平均年化回报率为 4.70%。具体来看，"哑铃"组合的回报率为 -8.66%，高于"子弹"的回报率 -13.36%，且"哑铃"组合的回报率波动率为 4.24%，低于"子弹"的回报率波动率 6.20%。可见，当债券价格大幅下跌时，如果假设选择到回报率最低的债券，"哑铃—子弹"投资组合可以带来正回报。这从侧面反映出"哑铃"组合具有风险防御性，在价格下跌时，其凸性价值能够避免价格过多的下跌。

如果假设总是选择最新的债券，"哑铃—子弹"组合的平均年化回报率为-0.18%。具体来看，"哑铃"组合的回报率为2.06%，低于"子弹"的回报率2.24%，但"哑铃"组合的回报率波动率仅为3.09%，低于"子弹"的回报率波动率4.31%，可见，"哑铃—子弹"组合的表现与一般情况下基本一致，同样获得了负回报，但回报率要显著优于一般情况的平均水平。

表4-3 不同择券情形下"哑铃—子弹"组合的表现

	短期国债	长期国债	"哑铃"	"子弹"	"哑铃—子弹"组合
Panel A 最高回报率债券组合					
回报率均值（%）	13.73	11.78	12.88	17.81	-4.93
回报率波动率（%）	7.25	5.51	5.87	6.36	8.15
平均久期	0.93	10.92	4.49	4.49	0.00
平均凸性	1.72	147.65	52.71	24.47	28.24
Panel B 最低回报率债券组合					
回报率均值（%）	-9.97	-8.10	-8.66	-13.36	4.70
回报率波动率（%）	6.96	5.90	4.24	6.20	7.10
平均久期	0.91	10.81	4.45	4.45	0.00
平均凸性	1.67	144.95	51.44	24.11	27.33
Panel C 最新债券组合					
回报率均值（%）	2.25	1.93	2.06	2.24	-0.18
回报率波动率（%）	3.21	5.56	3.09	4.31	4.89
平均久期	0.98	10.02	4.51	4.51	0.00
平均凸性	1.76	122.80	48.32	24.23	24.09

总体来看，"哑铃—子弹"这一看多凸性的投资组合呈现负回报率的结果是符合预期的。一方面，投资者可能为了凸性价值而放弃了一定的回报率；另一方面，我们可以看到"哑铃"组合相比于"子弹"组合虽然回报率更低，但同时也降低了波动性，符合风险与回报的一致性关系。"哑铃—子弹"投资组合的构造不受收益率曲线的微小水平移动影响，但是由于其凸性优势，"哑铃"会从收益率曲线较大的水平移动中获益。但是需要说明的是，久期中性的"哑铃—子弹"交易的表现还会受到曲线形态变化的影响，"哑铃—子弹"看多凸性的同时，其实也在看多收益率曲线的平坦化：曲线平坦化会使这一交易获益，曲线陡峭化则会使其受到损失。投资者大量买入"哑铃"中的长期债券和卖出"子弹"中期债券本身会导

致中长端收益率曲线平坦化。因此，典型的"哑铃—子弹"交易，更像是一种为曲线平坦化而做的交易，而非单纯为了凸性。

4.4 凸性与回报率的分解

我们将凸性作为债券回报率的一个影响因素，对债券回报率进行分解，并计算凸性价值在中国债券市场中的实际贡献。

前面的章节已经介绍过，在衡量债券的回报率时，债券的价格变动 ΔP 可以通过债券价格—收益率关系的泰勒二阶级数展开近似求出，其中的一阶导数和二阶导数为债券的修正久期 Duration 与凸性 Convexity：

$$100 \cdot (\frac{\Delta P}{P}) \approx -\text{Duration} \cdot \Delta y + 0.5 \cdot \text{Convexity} \cdot (\Delta y)^2$$

如果收益率曲线不变，随着时间推移，债券价格会逐渐向其面值靠近，而获得资本利得或资本损失；此外，债券的票息收益也是债券回报的重要组成部分。这两部分的回报通常可以通过债券的到期收益率来进行衡量。如我们在前述章节和本节前述内容的分析，由于即期收益率曲线的变化，债券的回报率也会因此受到影响。所以，理论上讲，债券的回报率应该可以分解为收益率影响（yield impact）、久期影响（duration impact）与凸性影响（convexity impact）三个部分：

$$\text{回报率} \approx \text{收益率影响} + \text{久期影响} + \text{凸性影响} \quad (4\text{-}12)$$

对于投资单只长期债券的策略而言，收益率影响为假设收益率曲线不变的情况下，债券的滚动收益率，也即债券随着时间趋近其到期日而沿着收益率曲线移动价格上升所带来的收益率。考虑收益率曲线变化，久期影响为 $-\text{Dur} \cdot \Delta y$，凸性影响为 $0.5 \cdot \text{Cx} \cdot (\Delta y)^2$。

为了检验这一分解是否在中国国债市场成立，我们对交易所国债的回报率按月进行了分解。基于前述数据库，我们找出所有连续两个月有交易的国债共 291 只，一共为 5 326 条月度交易数据。我们计算这些债券年化后的月度回报率，并分别计算了这些债券的收益率影响、久期影响和凸性影响。在式（4-12）的基础上，我们计算出收益率影响、久期影响和凸性影响占回报率的比例，并求出每月的残差项。我们将通过凸性影响的占比，来衡量投资中凸性的价值；通过残差项的占比，来反映分解模型的解释力度。

我们的投资策略均以月为单位进行组合调整，在计算滚动收益率时，我们假设国债即期收益率曲线在买入和卖出时没有发生变化，也即我们利用买入债券时当日的国债即期收益率曲线来计算相应债券买入和卖出两个时点的价格（我们利用该债券的现金流和买入当日的即期收益率曲线对现金流进行折现），并计算得到滚动收益率。在计算久期和凸性影响时，Δy 代表相应债券买入和卖出时点到期收益率（YTM）的变化量。

表 4-4 和表 4-5 分别汇报了分年份和分期限的回报率分解结果。平均来看，收益率影响可以解释 15.74% 的债券回报率，久期影响能够解释 7.14% 的回报率，而凸性只能解释 0.03% 的回报率。在部分年份或期限中，收益率影响占比和凸性影响占比为负，这是由于对应时期或期限品种债券的回报率为负所致；而久期影响占比总是为正，因为久期影响的正负与回报率的正负是一致的。根据表 4-4，久期的影响相对稳定，收益率影响受回报率的影响正负交替，因此看起来波动较大，而凸性影响较小，在 2008 年等利率波动较大的时期凸性影响相对较大。根据表 4-5，回报率分解模型对于短期和中长期的债券回报率的分解效果尚可，对超长期债券回报率的分解效果不佳。

总体来看，回报率分解的残差项均值占比高达 77%，这说明在我国使用"收益率-久期-凸性"的分解效果不是十分理想，可能的原因是债券的回报率还受到诸如流动性、投资者情绪以及非市场因素的影响。

表 4-4　回报率分解（分年份）　　　　　　　　%

年份	收益率影响	久期影响	凸性影响	残差项
2006	−12.47	7.54	0.01	104.92
2007	11.78	9.10	0.12	79.00
2008	23.42	8.54	0.27	67.77
2009	12.93	8.35	0.00	78.72
2010	17.52	8.46	0.00	74.02
2011	21.62	7.22	0.00	71.15
2012	30.09	5.88	0.00	64.03
2013	25.92	7.72	0.00	66.36
2014	19.11	6.24	0.00	74.65
2015	29.87	6.22	0.00	63.90
2016	−19.41	5.94	−0.01	113.47
2017	26.56	6.19	0.00	67.25
2018	37.62	5.70	0.00	56.67
2019	15.10	6.93	0.04	77.93
2020	22.03	11.43	0.06	66.48
总计	15.74	7.14	0.03	77.09

表 4-5 回报率分解（分期限） %

	收益率影响	久期影响	凸性影响	残差项
0 ~ 5	24.89	7.15	0.06	67.90
5 ~ 10	7.47	6.93	0.00	85.59
10 ~ 15	21.11	7.34	0.00	71.55
15 ~ 20	17.06	7.39	0.00	75.55
20 ~ 25	12.74	6.02	0.00	81.24
25 ~ 30	-5.16	7.63	0.00	97.53
40 ~ 45	-100.52	7.71	0.01	192.80
45 ~ 50	-78.91	7.25	0.00	171.66
总计	15.74	7.14	0.03	77.09

上文是针对样本内所有债券的投资回报率进行分解，我们进一步从样本中抽取一只存续时间较长的国债进行分解。2003年4月17日发行的20年国债"国债0303"在我们的样本期内每个月都有交易记录，因此，基于"收益率—久期—凸性"分解等式，我们对其进行分解，进一步验证这三个因素对回报率的影响，具体分解结果见表4-6。

整体来看，"收益率—久期—凸性"分解模型对于单只债券回报率的分解效果要优于对样本内全体债券的分解结果。在对"国债0303"的分解结果中，收益率影响的占比达24.96%，久期影响的占比达6.81%，凸性影响的占比基本为0。可见在大部分年份中，收益率对回报率的影响相对较大，久期的影响相对较大同时也较为稳定，凸性偏差的影响相对较小。

表 4-6 "国债0303"回报率分解 %

年份	收益率影响	久期影响	凸性影响	残差项
2006	27.58	4.94	0.00	67.48
2007	-5.73	10.69	-0.01	95.05
2008	19.67	7.50	0.00	72.82
2009	73.11	8.85	0.00	18.05
2010	16.36	6.91	0.00	76.73
2011	19.75	5.54	0.00	74.71
2012	81.08	8.73	0.00	10.20
2013	71.62	4.28	0.00	24.10
2014	-62.62	6.18	0.00	156.44
2015	-4.89	7.70	0.00	97.18
2016	-38.31	5.63	0.00	132.68
2017	68.56	5.12	0.00	26.32
2018	-2.32	5.97	0.00	96.35
2019	95.96	6.22	0.00	-2.18

续表

年份	收益率影响	久期影响	凸性影响	残差项
2020	-8.36	8.13	0.00	100.23
总计	24.96	6.81	0.00	68.23

4.5 结 论

在本章中，我们首先定义了凸性，描述不同债券有怎样的凸性差别，并讨论利率波动与凸性价值之间的关系。之后，我们考察了凸性对收益率曲线形状及预期回报率的影响，并通过构建久期中性的"哑铃—子弹"投资策略，回测了这一看多凸性的组合的历史交易表现。

债券的价格凸性在数学上的关系是债券价格对收益率的二阶导数。不含提前赎回期权的债券通常具有正的凸性，而正的凸性能够加强债券投资组合的抗风性能力，其他条件相同时，凸性更大的债券在收益率下降时，价格上升较快，在收益率上升时，价格下降较慢，因此在收益率频繁变化时有更好的表现，能够给投资者带来价值。

凸性价值是久期和收益率波动性的正函数——久期越长，凸性价值也会越大；收益率波动越剧烈，正凸性就能带来越大的价值。债券之间凸性的不同，会显著影响债券回报率。给定预期回报率，如果债券的凸性更大，多数投资者会愿意为债券支付更高的价格，接受更低的收益率。由于凸性价值的存在，长期债券可能会比短期债券收益率更低。因此，债券凸性导致国债收益率曲线平坦化和驼峰化。这种凸性差异对收益率曲线造成的影响即为"凸性偏差"，凸性偏差在收益率曲线短端很小，在长端较大。

在实际的债券投资中，我们通过构建并回测"哑铃—子弹"组合这一看多凸性的投资组合，来帮助债券投资者更好地了解和应用凸性这一性质。总体而言，我国"哑铃—子弹"投资组合倾向于获得负回报率，但"哑铃"组合相对于"子弹"的回报率波动性更低。以最新债券投资组合为例，在2006年1月到2020年6月的174个月中，我国"哑铃—子弹"组合的综合表现为："哑铃"的回报率为2.06%，低于"子弹"的回报率2.24%；"哑铃"的回报率波动率为3.09%，低于"子弹"的回报率波动率4.31%。

通过对单只债券的回报率进行分解，我们发现收益率影响和久期影响占据了关键地位，凸性影响不太明显。基于"收益率—久期—凸性"的债券回报率分解模型在发达国家的市场上效果较好，但在我国债券市场中的效果不是十分理想。这一方面受制于我们研究所用的数据；另一方面，或许也与我国债券市场的流动性等因素有关。

第 5 章　中国国债收益率分解

导语：在前面的章节中，我们分别介绍了期望利率变动、久期及凸性对债券收益率的影响，并对它们的影响逐一进行了实证检验。基于上述结果，我们希望在本章将之前的单个因素整合起来，整体研究中国国债收益率的影响因素，判断其影响的大小。我们提出了两种方法对国债的收益率进行了分解并给出了分解的结果。剥离风险溢价和凸性偏差的期望利率变化为投资者设计交易策略，例如利差交易，提供了重要的参考信号。剥离期望利率变化和凸性偏差的风险溢价更加真实地反映了不同期限的长期收益率与短期收益率之间的差别，有助于投资者更加准确地判断投资方向和交易策略，例如考虑收益率变化后应该采取哪一期限的债券进行投资交易。

5.1　中国国债的远期利率

5.1.1　远期利率介绍

本章主要研究远期利率曲线的分解和应用问题。我们希望建立理论和实证应用的桥梁，借鉴国外相关研究经验，提出一个利率期限结构的分解分析框架。之所以选择远期利率的期限结构作为出发点，是因为远期利率可以看作是利率结构的基本单元。首先，债券的到期收益率可以看作是多个不同期限的即期利率的加权平均，而即期利率本身又可以看作一系列远期利率的加权平均，因此到期收益率和即期利率曲线发生的变化，最终都可以归结到远期利率未来某一期限的变化。如果能够捕捉到和解释影响债券远期利率的因素及其变化，我们就能够推断整个利率期限结构的变化趋势，进而帮助投资者设计投资策略和调整风险头寸。

在收益率曲线的研究之中，Ilmanen（1995c）将理论结果与实际投资分析方法结合起来，提出通过对远期利率期限结构做因子分解的方法来分析各个成分对利率的影响。我们认为在中国市场可以进行类似的研究，并为进一步完善分析因子打下框架性基础。本章将影响国债利率曲线结构的主要因素归结为市场期望利率变化、债券风险溢价和凸性偏差三个部分。在分解方法上，我们对期望利率的预测采用了 ARMA-GARCH 模型，在风险溢价和凸性偏差的计算上使用了新的估测方法。

通过使用中国国债数据进行实证研究，我们发现风险溢价和期望利率变化对国债的收益率曲线有决定性影响，凸性偏差的影响对于短期债券相对较小，但其影响随久期增大显著增大，这与逻辑相符。对于不同形状的远期利率曲线，风险溢价因素和期望利率变化因素表现不尽相同，风险溢价与远期利率曲线形状存在高度相关。在横截面数据上，不同时间三因素的影响随时间变化，但总体均相对平稳。如何利用分解结果信息帮助各类投资者优化债券投资的配置也成为一个重要的研究课题。

5.1.2 分解方法介绍

本章的主要工作由两部分构成。首先从预期利率变化、久期影响和凸性偏差三部分来对中国市场远期利率进行分解，借此观察该理论在中国市场的表现。

下面介绍如何对远期利率进行分解。沿袭前文，我们假定一只剩余期限为 n 年的国债的一年持有期回报率为 h_n，当前价格为 P_n，一年后的价格为 P_{n-1}^*，则持有该国债一年的持有期回报率为：

$$\frac{h_n}{100} = \frac{P_{n-1}^* - P_n}{P_n} \tag{5-1}$$

我们基于当前能观察到的期限为 $n-1$ 年的国债对上式做一个简单变形，在式（5-1）的分子上分别加减 p_{n-1}，也即当前期限为 $n-1$ 年期的国债的价格，并记 $\Delta p_{n-1} = p_{n-1}^* - p_{n-1}$，则式（5-1）可以写作式（5-2）：

$$\begin{aligned}\frac{h_n}{100} &= \frac{(P_{n-1}^* - P_{n-1}) + (P_{n-1} - P_n)}{P_n} \\ &= \left(\frac{\Delta P_{n-1}}{P_{n-1}} \cdot \frac{P_{n-1}}{P_n}\right) + \left(\frac{P_{n-1}}{P_n} - 1\right)\end{aligned} \tag{5-2}$$

式（5-2）等号右侧的第二项称为该债券的滚动收益率，进一步地它也可以用 $n-1$ 年后到 n 年后的远期利率来进行表示，也即

$$\frac{f_{n-1,n}}{100} = \frac{P_{n-1}}{P_n} - 1 \tag{5-3}$$

另一方面，根据已有的结论，债券价格的变化可以用泰勒展开的前两项系数即久期和凸性近似。我们记收益率的变动为 Δs，则

$$\Delta P = \frac{\partial P}{\partial s} \cdot (\Delta s) + \frac{1}{2} \frac{\partial^2 P}{\partial s^2} \cdot (\Delta s)^2 + o[(\Delta s)^2] \quad (5\text{-}4)$$

因此价格变动的百分比可以表示为

$$100 \cdot \frac{(\Delta P)}{P} \approx \frac{\partial P}{\partial s} \cdot \frac{100}{P} \cdot (\Delta s) + \frac{1}{2} \frac{\partial^2 P}{\partial s^2} \cdot \frac{100}{P} \cdot (\Delta s)^2$$
$$= -\text{Dur} \cdot (\Delta s) + \frac{1}{2} \text{Cx} \cdot (\Delta s)^2 \quad (5\text{-}5)$$

其中,我们利用了久期和凸性的定义,即

$$\text{Dur} \equiv -\frac{\partial P}{\partial s} \cdot \frac{100}{P}$$
$$\text{Cx} \equiv \frac{\partial^2 P}{\partial s^2} \cdot \frac{100}{P} \quad (5\text{-}6)$$

我们将式(5-3)、式(5-5)代入等式(5-2)中,即可获得剩余期限为 n 年的债券持有 1 年的回报率:

$$h_n = f_{n-1,n} + \left(1 + \frac{f_{n-1,n}}{100}\right) \cdot \left[-\text{Dur}_{n-1} \cdot (\Delta s_{n-1}) + \frac{1}{2} \text{Cx}_{n-1} \cdot (\Delta s_{n-1})^2\right] \quad (5\text{-}7)$$

接下来我们对式(5-7)两端取期望,同时减去当前的无风险利率 s_1(一年期国债)并移项,就完成了分解。

$$\text{FSP}_n = \text{BRP}_n + \left(1 + \frac{f_{n-1,n}}{100}\right) \cdot \left[\text{Dur}_{n-1} \cdot E(\Delta s_{n-1}) - \frac{1}{2} \text{Cx}_{n-1} \cdot E(\Delta s_{n-1})^2\right] \quad (5\text{-}8)$$

其中,FSP_n 为远期即期溢价,BRP_n 为债券风险溢价,也即

$$\text{FSP}_n = f_{n-1,n} - s_1, \text{BRP}_n = E(h_n) - s_1 \quad (5\text{-}9)$$

由于即期收益率平方的期望 $E(\Delta s_{n-1})^2$ 往往较难估计,在即期利率变动较小时,有近似关系 $E(\Delta s_{n-1})^2 = [\text{Vol}(\Delta s_{n-1})]^2$,其中 $[\text{Vol}(\Delta s_{n-1})]^2$ 为 Δs_{n-1} 的方差,即

$$\text{FSP}_n = \text{BRP}_n + \left(1 + \frac{f_{n-1,n}}{100}\right) \cdot \left[\text{Dur}_{n-1} \cdot E(\Delta s_{n-1}) - \frac{1}{2} \text{Cx}_{n-1} \cdot (\text{Vol}(\Delta s_{n-1}))^2\right]$$
$$(5\text{-}10)$$

至此,我们从理论上将债券的远期即期溢价分解为债券的风险溢价、久期影响和凸性偏差。尽管上述分解简单直观,但除了远期即期溢价是可以直接从市场获得,等式右侧的三个主要因素都无法直接从市场数据观测得到,因此必须进行近似估计。我们考虑估计其中两种影响因素的值,然后倒推出第三种成分。在这里我们采用了两种方法:

方法一:估计出市场的债券风险溢价和凸性偏差部分,剩余项为期望利率变化。剥离风险溢价和凸性偏差的期望利率变化可以为投资者设计交

易策略,例如利差交易,提供重要信号。

方法二:估计出市场期望利率变动和凸性偏差部分,剩余项为债券风险溢价。剥离期望利率变化和凸性偏差的风险溢价更加真实地反映了不同期限的长期收益率与短期收益率之间的差别,有助于投资者更加准确地判断投资方向和预期回报。

在具体介绍估计方法时,我们先定义如下变量:

$FSP_{t,n}$ 为 t 时刻下 n 期以后的一期(以月为频率)远期利率减去当前一期无风险利率的溢价;

$BRP_{t,n}$ 为 t 时刻下 n 期远期利率分解出的债券风险溢价成分;

$CVB_{t,n}$ 为 t 时刻下 n 期远期利率分解出的凸性偏差价值成分;

$ERD_{t,n}$ 为 t 时刻下 n 期远期利率分解出的期望利率变动影响成分。

根据方法一,我们需要估计债券的风险溢价和凸性偏差价值两部分。根据理论基础部分的推导,风险溢价部分的表达式为 $E(h_{t,n}) - s_1$,我们采取历史平均回报率来估计期望的 n 期国债 1 期持有期回报,减去 1 期的无风险利率就作为风险溢价的估计:

$$\overline{BRP}_{t,n} = \frac{1}{N} \sum_{t-k<i<t} h_{i,n,n+1} - s_{t,1} \quad (5\text{-}11)$$

其中 N 为样本期内 n 期国债样本数,k 为选定样本区间长度,$h_{i,n,n+1}$ 代表该债券持有一期(年)的历史持有期回报。

另一方面,凸性偏差可以通过以下公式进行计算:$-0.5 \cdot Cx_{n-1} \cdot E(\Delta s_{n-1})^2$。由于 Δs_{n-1}^2 的分布不易估计,且通常利率的变动较小,因此可以使用 $[Vol(\Delta s_{n-1})]^2$ 做近似。我们采用年化后的 n 期国债的月收益率变化量的历史波动率来估计该项:

$$\overline{(Vol(\Delta s_{n-1}))^2} = 12 \cdot \frac{1}{N-1} \sum_{t-k<i<t} (\Delta y_{i,n-1} - \overline{\Delta y}_{n-1})^2 \quad (5\text{-}12)$$

其中 N 为样本期内 n 期国债样本数,k 为滑动窗口长度。

此外还需要计算 t 时刻到期期限 $n-1$ 期的国债的凸性 Cx_{n-1}。在实际计算中 k 取 60,即我们用过去 5 年(60 个月)的数据来进行计算。

$$\text{Convexity} = \frac{1}{P \cdot (1+y)^2} \sum_{t=1}^{T} \left[\frac{CF_t}{(1+y)^t} (t^2 + t) \right] \quad (5\text{-}13)$$

根据方法二,我们需要估计债券的期望利率变动和凸性偏差价值两部分。我们采用自回归时间序列模型进行估计。为了估计时变的利率波动水平,我们还对相应的波动率序列构建自回归条件异方差模型(GARCH)。

在利率预测的部分，我们采用自回归滑动平均模型（ARIMA）。设 $r_{t,n}$ 为 t 时刻 n 期国债的到期收益率值，则根据模型假设，回归方程满足：

$$r_{t,n} = \sum_{i=1}^{p} \phi_i r_{t-i} + \varepsilon_t + \sum_{j=1}^{q} \theta_j \varepsilon_{t-j} \quad (5\text{-}14)$$

即各时间点的随机误差扰动项满足自回归条件异方差模型假设：

$$\begin{cases} \varepsilon_t = \sigma_t z_t, z_t \sim \text{i.i.d}(0,1) \\ \sigma_t^2 = \omega + \sum_{i=1}^{q} \alpha_i \varepsilon_{t-i}^2 + \sum_{j=1}^{p} \beta_j \sigma_{t-j}^2, \omega > 0, \alpha_i \geq 0, \beta_j \geq 0 \end{cases} \quad (5\text{-}15)$$

利用估计的模型，我们可以直接对 $t+1$ 期的债券收益率和波动率做出预测，然后代入式（5-10）的后两项，即可计算出债券的期望收益变动成分 $\text{ERD}_{t,n}$ 和凸性偏差价值成分 $\text{CVB}_{t,n}$，最后反推出风险溢价 $\text{BRP}_{t,n}$。

5.2 远期利率的分解

5.2.1 债券信息与即期收益率

本章从 RESSET 数据库选择了 2007 年 10 月 10 日到 2017 年 10 月 10 日的上海交易所国债交易数据，利率选择 1～10 年期的关键利率期限作为样本。由于使用的是交易所每日的债券交易信息数据，数据记录相对比较完善准确，债券价格、息票率、期限和到期时间等主要信息基本没有出现缺失的情况，因此没有进行调整性的预处理。

基于利率分解的需要，我们使用式（5-13）计算收盘价凸性，其中 P 使用债券当天收盘价，T 为债券剩余的到期时间。我们并未直接使用交易数据中的凸性数据，主要原因是部分债券交易数据中并未提供这一信息，并且数据源也没有给出所提供的凸性的计算方式，因此为保持后续计算的一致性，此处预先进行统一处理。

选取 2007 年 10 月 10 日到 2017 年 10 月 10 日一共涵盖了时间段内 461 只国债的交易情况，总计 72 119 条交易数据，实际交易日 2 618 天。除债券名称和代码外，数据包括债券面额、发行价格等 11 个描述变量，针对变量的概括性描述见表 5-1。注意到除了部分到期期限少于一年的贴现债券外，大多数债券的发行价格基本上都是面值 100 元，也就是平价债券。债券的票面利率可以直接作为发行时的到期收益率，因此不做进一步调整。有一只面值为 100 元的贴现债券在 2010 年 9 月 27 日的收盘价达到 202.5 元的异常值，而其他债券均未出现类似的异常价格，我们认为可能是该日交易数据存在问题，不具有参考意义，后续分析时将该条数据删去。

表 5-1 2007—2017 年上海交易所国债交易数据概况

变量	描述统计量				
	最小值	最大值	平均值	中位数	方差
发行价格（元）	97.20	100.00	99.90	100.00	0.17
票面利率（元）	0.00	9.78	3.33	3.30	0.98
到期期限（年）	0.24	50.00	11.09	10.00	68.85
剩余交易日（年）	0.01	49.99	5.96	3.55	64.16
全价收盘价（元）	76.36	202.50	101.40	101.60	21.06

我们使用的利率期限数据和国债交易数据的时间区间相同，涵盖从 1 个月到 50 年共 19 个期限的即期收益率，其中期限为 40 年和 50 年的数据仅从 2009 年 11 月 30 日开始提供，但由于我们主要研究 10 年以内的期限结构，因此对研究结果没有实质影响，实际使用的仍然是 1 ~ 10 年的关键利率期限。我们在表 5-2 中对期限为 3 个月、1 年、3 年、5 年和 10 年的即期收益率做描述性统计。

表 5-2 2007—2017 年中债即期收益率数据　　　　　　　　%

变量	描述性统计量				
	最小值	最大值	平均值	中位数	方差
3 个月即期收益率	0.80	5.11	2.57	2.70	0.67
1 年即期收益率	0.89	4.25	2.72	2.84	0.62
3 年即期收益率	1.25	4.56	3.08	3.09	0.44
5 年即期收益率	1.76	4.59	3.32	3.26	0.32
10 年即期收益率	2.67	4.81	3.67	3.62	0.23

5.2.2 远期利率分解结果

方法一如前所述，第一种远期即期溢价的分解方法是利用历史国债交易数据估计出债券风险溢价和凸性偏差价值，然后倒推出期望利率的影响。在 2017 年 10 月 10 日，我们使用该方法对当天的远期利率曲线进行分解，得到了如图 5-1 所示的分解曲线。其中，Panel A 展示了债券的远期利率和当下的即期利率，两者的差值为我们的被分解对象——远期即期溢价。图中的无风险利率为一年期即期利率 S_1；阴影部分为远期即期溢价 $FSP_n = f_{n-1,n} - S_1$。Panel B 具体展示了方法一的三因素分解情况。

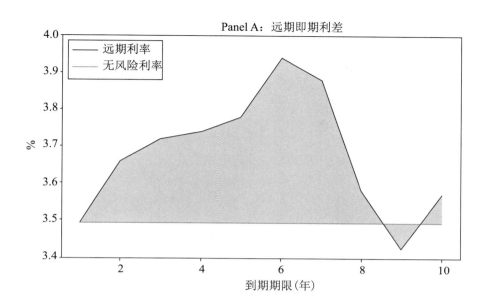

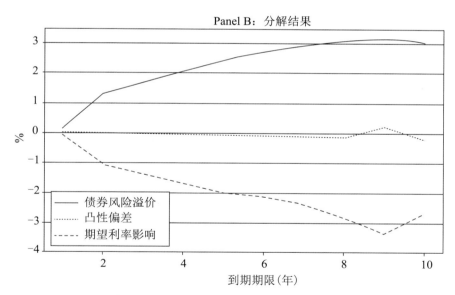

图 5-1 远期利率曲线的三因子分解，使用历史平均风险溢价及波动率

从图中可以看出，分解出的各个成分呈现出明显的差距。债券风险溢价的正面影响最大，并且随着债券期限增长近似线性增长，表明国债的久期作为风险度量很好地反映在了债券的超额回报当中。凸性偏差对远期即期利差的影响几乎可以忽略不计，这是由当天的即期利率变化不大造成的，作为即期利率变化的平方项，凸性偏差的影响也非常小。三因素中，期望

利率影响的负面影响最大,且随着债券期限增长而下降,但在较长期限下略有上升,说明隐含的市场关于利率的观点是中短期的利率会下降,而十年期国债利率会有一定上升。

受到随久期迅速上升的债券风险溢价的影响,期望利率变化呈现出先升后降的形态,这说明综合来看,市场关于利率期限结构的观点是长期利率较短期下降更多,导致利率曲线变平缓。在这一预期下,可以采取卖出短期国债同时买入长期国债的利差交易策略。

第二种远期利率结构化分解的方法需要首先估计即期收益率和其波动率序列的 ARMA-GARCH 模型,然后基于预测未来的收益率变化和拟合的波动率序列,分别计算期望利率变化影响和凸性价值,最后倒推出债券风险溢价。由于国债即期收益率序列有明显的自相关性,建模的第一步需要确定均值方程 ARMA 部分的阶数。基于定阶的 EACF 判别准则,各期限收益率的定阶结果见表 5-3。

表 5-3　EACF 方法确定的国债收益率序列 ARMA 模型阶数

	国债即期利率序列									
	1年	2年	3年	4年	5年	6年	7年	8年	9年	10年
AR 阶数	2	2	1	2	1	1	1	1	1	1
MA 阶数	1	1	2	2	3	3	2	3	2	1

根据确定的均值方程的阶数,我们对各期限的收益率序列 ARMA 模型做估计,结果见表 5-4;可见各模型的系数估计都是显著的,并且容易看出短期国债的即期利率序列的模式相似,中长期国债的即期利率序列则比较接近,结果表明国债的到期期限对于相应期限利率的表现具有系统性的重要影响。我们需要对拟合模型的残差项进行拉格朗日乘子检验,以确定是否存在明显的 ARCH 效应。检验结果表明各期限的残差序列中 ARCH 效应都是显著的,说明残差平方序列也具有显著的自相关性,因此我们进一步对残差序列估计各自的 GARCH 模型。基于阶数迭代的方法,我们得到最合适的阶数为 GARCH(1,1)。我们对所有期限的残差均采取 GARCH(1,1) 模型做估计,结果见表 5-5。

表 5-4　国债收益率序列 ARMA 模型系数估计

	回归系数					常数项	ARCH-LM
	AR(1)	AR(2)	MA(1)	MA(2)	MA(3)		
1年即期利率	1.588	−0.590	−0.322	—	—	0.032	163.09
	(0.056)	(0.056)	(0.067)	—	—	0.002	—

续表

	回归系数					常数项	ARCH-LM
	AR(1)	AR(2)	MA(1)	MA(2)	MA(3)		
2年即期利率	1.516	−0.517	−0.215	—	—	0.033	217.25
	(0.055)	(0.055)	(0.064)	—	—	(0.002)	—
3年即期利率	0.998	—	0.281	0.087	—	0.033	302.72
	(0.001)	—	(0.020)	(0.020)	—	(0.003)	—
4年即期利率	1.963	−0.963	−0.684	−0.231	—	0.035	321.59
	(0.019)	(0.019)	(0.028)	(0.022)	—	(0.002)	—
5年即期利率	0.997	—	0.233	0.083	0.056	0.035	230.40
	(0.002)	—	(0.020)	(0.020)	(0.021)	(0.002)	—
6年即期利率	0.997	—	0.251	0.083	0.048	0.035	190.21
	(0.002)	—	(0.020)	(0.0200)	(0.020)	(0.002)	—
7年即期利率	0.997	—	0.195	0.063	—	0.036	159.77
	(0.002)	—	(0.020)	(0.0200)	—	(0.002)	—
8年即期利率	0.997	—	0.216	0.058	0.041	0.036	137.90
	(0.002)	—	(0.020)	(0.020)	(0.020)	(0.002)	—
9年即期利率	0.997	—	0.231	0.035	—	0.036	185.85
	(0.001)	—	(0.020)	(0.020)	—	(0.002)	—
10年即期利率	0.997	—	0.208	—	—	0.037	281.33
	(0.002)	—	(0.019)	—	—	(0.002)	—

表5-5 国债收益率模型残差GARCH模型系数估计

	α系数	β系数	常数项
1年即期利率残差	8.706×10^{-1}	1.515×10^{-1}	2.636×10^{-8}
	(2.391×10^{-2})	(6.204×10^{-3})	—
2年即期利率残差	9.138×10^{-1}	1.059×10^{-1}	2.101×10^{-8}
	(1.387×10^{-2})	(2.206×10^{-2})	—
3年即期利率残差	9.758×10^{-1}	3.479×10^{-2}	4.308×10^{-8}
	(4.932×10^{-2})	(4.019×10^{-2})	—
4年即期利率残差	9.731×10^{-1}	4.801×10^{-2}	3.136×10^{-8}
	(3.907×10^{-2})	(2.414×10^{-2})	—
5年即期利率残差	9.204×10^{-1}	9.806×10^{-2}	3.963×10^{-8}
	(4.967×10^{-2})	(3.857×10^{-2})	—
6年即期利率残差	9.965×10^{-1}	8.123×10^{-2}	5.727×10^{-8}
	(3.644×10^{-2})	(1.910×10^{-2})	—
7年即期利率残差	9.295×10^{-1}	8.610×10^{-2}	3.988×10^{-8}
	(4.539×10^{-2})	(3.444×10^{-2})	—
8年即期利率残差	7.596×10^{-1}	2.721×10^{-2}	8.295×10^{-9}
	(4.547×10^{-2})	(1.685×10^{-2})	—

续表

	α系数	β系数	常数项
9年即期利率残差	5.682×10^{-1}	4.566×10^{-2}	3.540×10^{-9}
	(3.301×10^{-2})	(2.687×10^{-2})	—
10年即期利率残差	7.666×10^{-1}	2.469×10^{-1}	2.650×10^{-8}
	(5.064×10^{-2})	(4.206×10^{-2})	—

基于上述两个步骤构建的 ARMA-GARCH 模型描述了 1～10 年期限国债即期收益率的相关运动过程。在此基础上我们就能够计算期望利率变动和凸性偏差，得到图 5-2 所示的远期利率结构化分解结果。与之前类似，我们分别使用 Panel A 和 Panel B 来分别展示远期即期利差和具体的分解情况。Panel A 中的无风险利率为一年期即期利率 S_1；阴影部分为远期即期溢价 $FSP_n = f_{n-1,n} - S_1$。

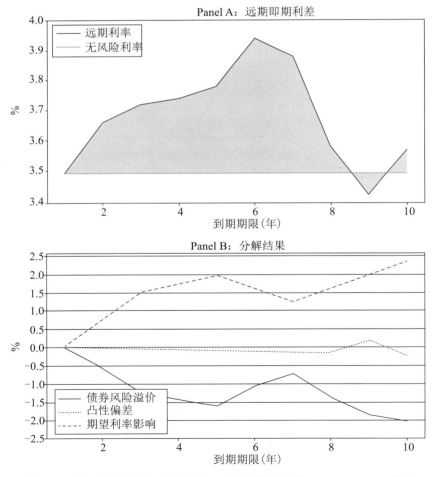

图 5-2　远期利率曲线的三因子分解，基于即期收益率 ARMA-GARCH 模型

图 5-2 的分解结果与图 5-1 相比有明显变化。期望利率的正面影响最大，债券风险溢价的负面影响最大，而凸性偏差的影响依然较小。期望利率变化随着到期期限的增长而逐渐上升，但在 5～7 年有一定的回落。剥离期望利率变化和凸性偏差的风险溢价能够更加真实地反映不同期限的长期收益率与短期收益率之间的差别，有助于投资者更加准确地判断采取哪些期限的债券进行交易。

5.2.3 时间趋势

利用上述方法，我们可以对远期利率进行分解，进而展示出每个期限下债券风险溢价因素、期望利率影响因素和凸性偏差因素随时间变动的趋势。我们对 2012 年到 2017 年间债券市场每个月的远期利率期限结构进行上述分解。具体来说，每隔一个月，我们对市场上 1 到 10 年的远期利率期限结构进行分解，以 1 年、5 年和 10 年久期为例给出示意图，分别见图 5-3 ~ 图 5-5。由于要进行序列数据的分析，我们采用方法二进行分解，以反映风险溢价的时变特性。

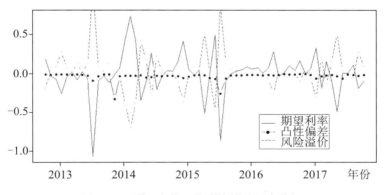

图 5-3 国债 1 年期远期利率影响因素分解

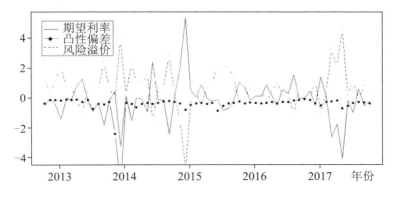

图 5-4 国债 5 年期远期利率影响因素分解

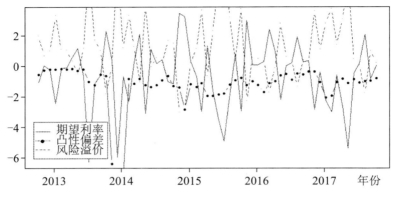

图 5-5　国债 10 年期远期利率影响因素分解

整体上三因子的水平和我们在之前单个时间点的分解结果类似，即占主要地位的影响因素是债券的期望利率和风险溢价，并且三因子的波动水平基本是同步的。对 1 年久期的分解序列来说，整体较为平缓，波峰出现在 2013 年中期、2014 年初和 2015 年中期，表现出短期流动性风险因素。对 5 年久期的分解序列来说，在 2014 年、2015 年和 2017 年有三个显著的波动高峰，其中 2014 年和 2017 年的波峰显示出显著的正风险溢价。对于 10 年久期的分解序列来说，由于久期大幅增加，凸性偏差发挥了更重要的作用，整体展示出了更大的波动水平，风险溢价水平也长期保持在高位。基于时间序列的结果，我们可以对国债市场的结构特点做出分析。

5.3　债券期望收益预测

我们可以使用三个因子的估计结果来对任意期限的债券/债券组合的未来回报率进行估计。具体来说，对于投资组合中的每一只债券，我们计算出当前市场对应期限远期利率分解得到的三个成分来计算期望回报率。作为一个示例，我们使用 2017 年 10 月 10 日交易的三只债券的数据进行预测，这三只债券的到期期限分别为 3 个月、3 年和 10 年，其中 3 个月的为贴现债券。

表 5-6　2017 年 10 月 10 日三只债券信息

债券代码	起息日期	到期日期	发行价格	剩余年限	年付息次数	票面利率(%)
20202	2017-09-25	2017-12-25	99.23	0.21	0	0
19537	2016-04-28	2019-04-28	100.00	1.55	1	2.55
101311	2013-05-23	2023-05-23	100.00	5.62	2	3.38

在预测债券期望回报率时，我们可以选择预测期限为 3 个月，先计算出相关的背景信息，然后以逐步求和的方式给出期望回报的各个组成成分。由于这种方法在预测债券组合回报时只使用债券当前交易信息和远期利率曲线的分解结果，因此可以推广到任意数量和任意期限投资组合的收益预测中，便于投资者即时调整策略，因此具有普遍性的价值。在估计总期望回报的过程中也可以引入一些其他因素，例如宏观经济因素和短期市场流动性预期带来的影响。这些因素可能包含一定程度的噪声，但是考虑这些因素的影响也能够丰富和完善模型。兼具自身整体性和便捷的改进性是这一模型框架最重要的优点之一。同样，为了保证基于不同信息的交易策略的正确性，我们需要通过历史数据对模型进行统计检验。

5.4 结 论

本章对远期利率期限结构进行了分解分析，提出了通过历史数据估计和统计模型预测计算将国债远期利率溢价分解为期望利率变动、债券风险溢价和凸性偏差三个成分的方法。本章基于远期利率的分解结果，研究了预测债券组合未来一定期限内回报的五步方法，并利用中国国债数据实证研究了这种预测方法的效果，展示出驱动债券回报各因素的影响。

研究表明，中国的远期利率溢价的主要影响因素是债券风险溢价和期望利率变化，凸性偏差的影响较小。统计模型预测的结果显著性也达到一定水平，可以基于利率分解的结果辅助投资决策。债券回报预测的结果则表明债券短期回报主要受到当前期限结构下滚动回报的影响，但对于较长期限的债券来说局部贬值/升值效应和凸性价值的影响变得更加显著。本章使用基于预测超额回报配置权重的投资策略的平均回报率要略高于简单的骑乘式（carry）策略，但策略波动风险较大，收益相对不稳定，如何更有效地利用远期分解和预测回报来辅助投资决策可以作为进一步研究的方向。

第6章 预测债券超额回报率

导语: 本章建立了一个多因子模型来预测债券的长期超额回报率,并根据预测结果设计了简单的主动投资策略。我们发现反转因子、财富倒数和动量因子对于模型具有较为显著的作用,而期限利差和债券真实收益率的作用较弱,在样本外估计的检验中,我们的模型对于长期债券的超额回报率正负方向的预测准确率为 58%。基于此模型,我们构建了两类被动投资策略(静态策略)和两类主动投资策略(动态策略),相比于被动投资策略,主动投资策略获得了更高的平均回报率、夏普比率、财富积累和稳定性,其中,对于 10 年期以上债券的两类策略,动态策略夏普比达到静态策略的 4 倍以上。我们的结果为债券主动投资提供了实证支持。

6.1 研究分析框架

本章主要研究债券超额回报率的预测方法,进而探讨预测超额回报率在主动投资策略中的应用。债券是固定收益证券产品中的主要类型之一,因为其具有较为明确的投资期限和稳定的现金流,债券往往是一种风险相对较低的投资产品,适合保守型投资者和有现金流久期匹配要求的机构投资者。随着中国债券市场的发展,债券种类的选择逐渐增多,不同种类的债券逐渐能够适应不同投资者的需求,债券投资已经成为了证券投资的一个重要部分。本章针对国内的市场状况,对相关债券主动投资策略加以调整并从实证角度进行了应用分析。我们通过检验基于预测债券超额回报率的投资策略绩效,来验证主动投资策略在中国市场中的适用性。

我们借鉴了 Ilmanen(1997)中的研究思路,如本书前面章节所述,他们的实证研究结果显示,分析上述影响收益率曲线的因素能够给投资者们带来更高的投资回报,对于指导债券投资具有重要价值。相比静态投资策略,根据对债券超额回报率的预测来调整投资组合久期的动态投资策略能够获得更高的长期回报。

第6章 预测债券超额回报率

本章主要分析风险溢价的应用价值，选取债券的超额回报率作为研究对象，即债券的回报率减去短期无风险利率。我们对未来的超额回报率进行预测，并将预测结果应用到投资策略的制定当中。在预测债券的超额回报率时，基于中国中债债券价格数据，本章采用线性回归的方法。在预测变量的选择上，结合中国市场情况，我们在 Ilmanen（1997）所选用变量的基础上添加反转因子，使预测结果具有更强的解释力。在投资组合的设计中，我们考虑到中国市场不存在卖空操作等限制，调整了头寸等前提假设，尽量贴近真实情况来设计投资策略。具体来说，我们比较了不同债券超额回报率预测方法，以及主动投资策略与其他投资策略之间表现的差异。

6.2 变量构建与分析

6.2.1 变量选取及构建

在对利率期限结构理论的研究当中，一般会用长期债券的超额回报率（excess bond return）来衡量债券的风险溢价。国内外已有很多实证研究表明，期限风险溢价具有时变性。因此，想要判断长期债券的投资在将来的收益如何，需要对未来的超额回报率进行预测。本章采用 2006 年至 2020 年 6 月的月度历史数据构造被解释变量及解释变量代入回归，从而建立预测模型。

1. 被解释变量

本章选择国债作为研究对象。长期债券的超额回报率最能反映期限风险溢价，而且其波动性较大，对于其他变量的变动较为敏感，Ilmanen（1997）在债券超额回报率的预测模型中均以长期债券（20 年期左右）的月超额回报率（长期债券每个月的持有期回报率减去 1 个月的无风险利率）作为被解释变量。借鉴该做法，我们采用长期国债的超额回报率作为被解释变量，具体期限为 10 年期以上。本章主要选择了 WIND 数据库提供的 10 年期以上的中债财富指数进行研究，但我们也研究了短期限债券指数的表现。根据式（6-1）计算得出 2006 年 12 月至 2020 年 5 月的每月持有相应债券指数一个月的回报率：

$$\text{Return}_{t+1} = (\text{CLOSE}_{t+1} - \text{CLOSE}_t) / (\text{CLOSE}_t) \qquad (6\text{-}1)$$

其中 Return_{t+1} 为月份 $t+1$ 的债券收益率；CLOSE_t 为月份 t 的月末中债财富指数收盘价。我们进一步通过式（6-2）得到每月长期债券超额收益率：

$$\text{Excess Return}_t = \text{Return}_t - \text{Riskfree}_t \qquad (6\text{-}2)$$

其中 Excess Return$_t$ 为月份 t 的债券超额收益率，Riskfree$_t$ 为月份 t 的无风险收益率，这里采用锐思数据库提供的 3 个月期上海银行间同业拆放利率（SHIBOR）。

如图 6-1 所示，锐思数据库提供的无风险收益率与中国债券信息网提供的 1 个月即期收益率走势大体相同，但锐思数据库的无风险收益率相对更加平稳，且在 2007 年之后略高于 1 个月即期收益率。整体而言，二者具有较好的一致性，实验结果表明，使用何种无风险利率计算得到的超额收益率对最终的回归及预测结果不会带来显著影响。本文后续分析的超额收益率为根据锐思数据库提供的无风险利率计算而得。

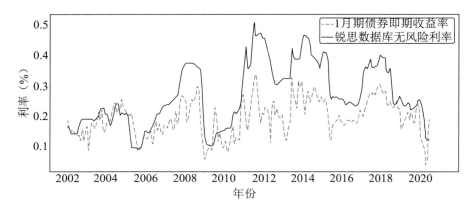

图 6-1　锐思数据库月度无风险收益率与 1 个月即期收益率比较

2. 解释变量

我们延续采用期限利差（term spread）、债券真实收益率（real yield）、财富倒数（inverse wealth）和动量因子（momentum）作为解释变量。此外，为方便比较，本文同时构建三个较为直接的解释变量，即收益率水平（yield level）、债券波动性（bond volatility）、反转因子（lagged return），考察它们在中国债券市场的作用效果。

（1）期限利差

期限利差反映了收益率曲线的斜率，期限利差越大，代表债券收益率曲线越为陡峭，即升高的未来预期收益，或较高的长期债券风险溢价。虽然在实际中很难将预期与风险溢价二者的影响相互剥离，但期限利差仍能够在一定程度上反映长期债券的风险溢价，进而对长期债券超额收益率产生预测效力。此外，其他变量的引入也有利于减弱由预期部分带来的噪声的影响。本书采用中国债券信息网提供的 5 年期中债即期收益率与 3 个月期中债即期收益率之差作为期限利差,并以每月末的数值作为该月期限利差值。

(2)债券真实收益率

为剔除通货膨胀的影响,更加准确地反映债券收益水平,体现债券整体风险溢价,本书采用债券真实收益率作为解释变量之一,以式(6-3)进行计算:

$$\text{Real Yield}_t = \text{Yield}_t - \text{Inflation Rate}_{t-1} \quad (6\text{-}3)$$

其中,Yield_t 为月份 t 的债券收益率,以 5 年期中债即期收益率作为代表,$\text{Inflation Rate}_{t-1}$ 由来自锐思数据库的累计同比居民消费价格指数(CPI)减去 100 求得。这里采用累计同比 CPI,可以有效消除季节性因素对居民消费价格水平的影响,更真实有效地反映通货膨胀程度。[①]

(3)财富倒数

以财富倒数作为解释变量的想法来源于基于财富水平的风险厌恶假设。结合股票市场表现,股票价格与投资者风险厌恶水平成逆向关系,即股票市场表现越好,消费者财富水平越高,风险厌恶程度下降。将之与收益率曲线形状相结合,当股票市场表现不佳,同时期限利差较大时,消费者财富较少,风险厌恶程度较大,对债券风险溢价的需求更高,因此相比于预期收益的增长,较大的期限利差更倾向于反映较高的风险溢价。我们采用过去 12 个月股指表现的指数滑动平均求得当月的财富倒数值,具体如式(6-4)所示:

$$\text{Inverse Wealth}_t = \frac{0.1 \times (W_{t-1} + 0.9 \times W_{t-2} + \cdots + 0.9^{11} \times W_{t-12})}{W_t} \quad (6\text{-}4)$$

其中 Inverse Wealth_t 为月份 t 的财富倒数值,W_t 为月份 t 的月末交易日沪深 300 指数收盘价。

(4)动量因子

动量因子反映了债券收益的持续性及趋势变化。本文动量因子的构造借鉴了股票市场典型的动量因子构造方式,即去除前一月的过去数月收益率几何平均值,考虑到债券市场波动特点,选取六个月为时间窗口,具体计算方式如下:

$$\text{Momentum}_t = [(1+R_{t-2}) \times (1+R_{t-3}) \times \cdots \times (1+R_{t-6})]^{\frac{1}{5}} \quad (6\text{-}5)$$

其中 Momentum_t 为月份 t 的第一种动量因子值,R_t 为月份 t 的长期债

---

① 由于我国当月 CPI 数据在下月上旬发布,此处以最近一期可以获取的(月份 t-1 的)CPI 为依据计算通货膨胀率。

券超额收益率。①

（5）收益率水平

选取上月 1 年期中债即期收益率作为该月债券收益率水平的衡量。债券即期收益率水平可以在一定程度上反映未来债券收益。

（6）债券波动性

本书采用长期债券超额收益率在 12 个月滑动窗口下的标准差作为债券波动性数值。

（7）反转因子

与动量因子相对应，将上个月的长期债券超额收益率作为反转因子的度量。相较于动量因子，反转因子反映了更加短的时间区间（1 个月）内的趋势变化情况。

完成变量构建后，选择所有变量均有可得取值的时间区间 2007 年 12 月至 2020 年 5 月进行汇总及描述性统计分析，所得结果如表 6-1 所示。可以看出，被解释变量超额收益率均值为正，长期债券在所研究时间区间内具有整体正向的表现。同时给出各变量在时间序列上的变化情况，如图 6-2 所示。

表 6-1　各变量描述性统计

	超额收益率	期限利差	真实收益率	财富倒数
均值	0.183	0.762	0.537	0.739
标准差	1.874	0.449	1.944	0.143
最小值	-4.771	-0.517	-4.465	0.456
最大值	6.463	1.852	4.274	1.512
	动量因子	收益率水平	债券波动性	反转因子
均值	0.168	2.706	1.714	0.190
标准差	1.002	0.749	0.678	1.870
最小值	-2.679	0.965	0.531	-4.771
最大值	3.355	4.219	3.263	6.463

---

① 除正文中所述动量因子构造方式外，本文还尝试借鉴 Ilmanen（1997）的动量因子构造方式，构造取值为 -1/0/1 的哑变量，但模型预测效果不及正文中所描述的动量因子。下面给出此种哑变量动量的具体构造方式：根据 20 年期中债即期收益率与其 6 个月滑动平均数值的比较，当该月值高于滑动平均值达到一定阈值时，动量因子取 -1，低于一定阈值时取 +1，在两阈值之间，认为无明显的市场趋势导向，动量因子取 0。阈值的选取主要依据本月值与滑动平均之差的描述性统计性质，最终选取该标准差的 1/2，亦即 0.113 作为阈值，-1/0/+1 的月份占比分别为 30%、45%、25%。

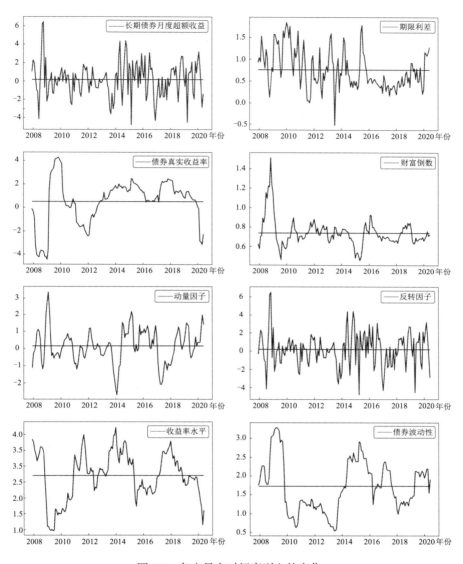

图 6-2 各变量在时间序列上的变化

6.2.2 相关性分析与分组讨论

完成变量获取后,我们分别采用相关性分析与分组分析的方式对所得变量进行初步评估,检验解释变量对被解释变量的解释力。

1. 相关性分析

为探究以上解释变量对于被解释变量长期债券超额收益率的预测能力,我们求出变量之间的相关系数进行分析,图 6-3 给出了所有 9 个变量之间的相关系数热力图，以颜色及数值示出相关系数的大小。

我们进一步提取出各解释变量与被解释变量之间的相关系数，以柱状图展示在图 6-4 中，同时在表 6-2 中给出它们的 p 值并标出显著性水平。

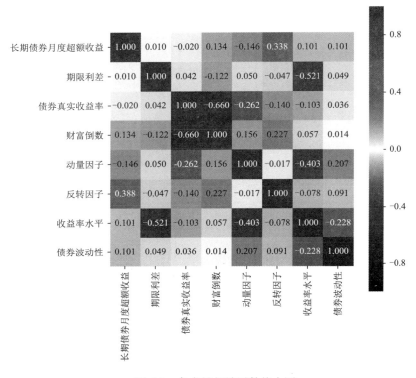

图 6-3　各变量相关系数热力图

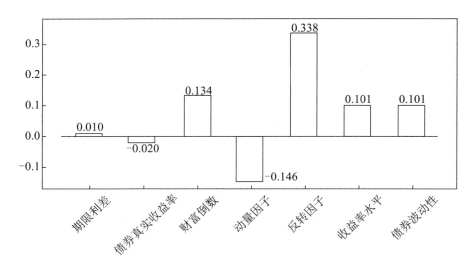

图 6-4　各解释变量与被解释变量相关系数柱状图

表 6-2 各解释变量与被解释变量相关系数及对应 p 值

	期限利差	真实收益率	财富倒数	动量因子 1
相关系数	0.016	−0.066	0.133	−0.140*
P-value	0.843	0.424	0.104	0.088
	反转因子	收益率水平	债券波动性	
相关系数	0.332***	0.094	0.103	
P-value	0.000	0.252	0.210	

注：*** $p<0.01$，** $p<0.05$，* $p<0.1$。

可以看出，在 10% 的显著性水平下，仅反转因子和动量因子与债券超额收益的相关系数显著，财富倒数的相关系数也达到接近 10% 的显著性水平，其他变量与被解释变量的相关系数则不太显著。在我们所研究的时间区间（2007 年 12 月至 2020 年 5 月）内，中国债券市场的长期债券超额收益率与反转因子、动量因子和财富倒数的相关性较大，而在美国债券市场具有较好解释力的期限利差、真实收益率相关系数较小。

此外，由热力图可以看出，动量因子与反转因子相互之间成较强的正相关，但动量因子与债券超额收益率成负相关。这侧面反映出中国债券市场表现随市场趋势的变化呈现出短周期记忆的特点，在一个月周期下的趋势（动量）呈现明显的正向效应，这一点在后续的分析中将有进一步阐释说明。

进一步地，选取期限利差、债券真实收益率、财富倒数、动量因子和反转因子作为解释变量构建回归模型。对于被解释变量，我们主要以 10 年期以上中债财富指数求得的月度超额收益率作为主要研究对象，但同时也汇报了 1~3 年期、3~5 年期、5~7 年期和 7~10 年期的中债财富指数所计算得到的月度超额收益率。

回归结果如表 6-3 所示。以财富倒数为例，它对于十年期以上财富指数超额收益的回归系数为 2.432，标准差为 1.245，在 10% 的显著性水平下显著，说明 1 标准差（0.143）的财富倒数增加会使长期债券超额收益增加约 0.35 个百分点，表明股市下跌会使人们财富减少，风险偏好减少，所需风险溢价增加，相应长期债券超额收益增加。

将模型归纳为公式表示即为

$$债券超额收益 = \beta_1 \times 期限利差 + \beta_2 \times 债券真实收益率 + \beta_3 \times 财富倒数 + \beta_4 \times 动量因子 + \beta_5 \times 反转因子 + 常数项$$

由表 6-3 的结果可知，在该模型所在的时间范围内，10% 的显著性水平下，无论对于何种超额收益率，期限利差和真实收益率的系数均不显著，反转因子与财富倒数均显著，且财富倒数在 10 年期以下的情形表现更佳。对于动量因子，随着超额收益期限增长，其显著性水平逐步提升，说明对于不同期限的债券超额收益，动量具有不同程度的作用效果，对于长期债券其效果更为明显。

表 6-3 回归模型结果

被解释变量	中债财富指数月度超额收益				
解释变量	1～3 年期	3～5 年期	5～7 年期	7～10 年期	10 年期以上
期限利差	−0.012	0.130	0.222	0.248	0.179
	(0.069)	(0.123)	(0.164)	(0.197)	(0.314)
真实收益率	0.024	0.044	0.057	0.044	0.108
	(0.020)	(0.036)	(0.049)	(0.059)	(0.094)
财富倒数	0.702***	1.733***	2.213***	2.180***	2.432*
	(0.266)	(0.493)	(0.672)	(0.812)	(1.246)
动量因子	−0.131	−0.209	−0.216	−0.240*	−0.243*
	(0.144)	(0.145)	(0.144)	(0.143)	(0.138)
反转因子	0.305***	0.204**	0.170**	0.201**	0.318***
	(0.080)	(0.081)	(0.081)	(0.080)	(0.077)
常数项	−0.542**	−1.380***	−1.776***	−1.747**	−1.845*
	(0.226)	(0.410)	(0.552)	(0.665)	(1.024)
R^2	0.159	0.155	0.131	0.125	0.158
调整 R^2	0.132	0.127	0.103	0.096	0.130

注：***$p<0.01$，**$p<0.05$，*$p<0.1$。

无论何种被解释变量，模型的 R^2 均不超过 0.16，说明 84% 的超额回报方差未能被模型所解释，这与现实中超额回报很难被预测的经验是一致的，也说明通过该模型构造出的有正回报的策略必然伴随有一定的风险。在本章后续研究中，未特殊说明均使用 10 年期以上中债财富指数作为长期债券的代表。

2. 分组分析

在五个解释变量中，期限利差反映了人们对债券市场本身的预期，财富倒数则体现了人们对于当下股票市场行情的反应，通过风险偏好间接地影响债券市场。为了更加细致地考察这两个解释变量对长期债券超额收益率的解释效果,我们引入分组讨论的方法,按照一定阈值对期限利差和财富倒数值进行划分,并计算每个子样本的平均年化超额收益情况,如表6-4所示。

表6-4 子样本中的超额收益

	高期限利差	低期限利差	
平均超额收益	0.734	-1.139	
月份占比(%)	26.1	28.7	
	高财富倒数	低财富倒数	
平均超额收益	4.177	1.380	
月份占比(%)	16.6	28.7	
	高期限利差 & 高财富倒数	高期限利差 & 低财富倒数	低期限利差 & 高财富倒数	低期限利差 & 低财富倒数
平均超额收益	-2.962	-1.498	12.447	-1.441
月份占比(%)	3.2	10.2	3.2	8.3

就阈值的设定而言,根据中国债券市场的情况,我们倾向于将阈值设为尽量将各月份平均划分的水平。其中,期限利差和财富倒数的高/低划分阈值根据这两个变量的均值、标准差及分布情况决定,将期限利差 ± 2/3 标准差以外的部分分别定为高/低期限利差,财富倒数 ± 1/2 标准差以外的部分分别定为高/低财富倒数,最后四个组合子样本采用同样的阈值,阈值的选取方式展示在图6-5中,每个子样本的月份占比展示在表6-6中。此外,为了避免极端值的影响,我们对超额收益率数据进行 ±2% 缩尾处理,进而代入收益率计算。

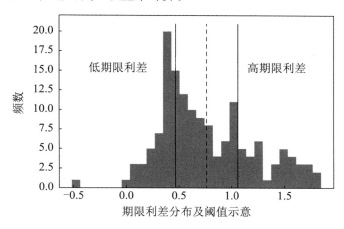

图6-5 阈值的选取方式(期限利差)

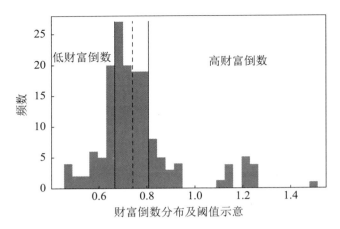

图 6-5（续）　阈值的选取方式（财富倒数）

由以上结果可以看出，期限利差与财富倒数对于超额收益率均呈现正向的关系，且财富倒数的效应更加显著，这与相关系数反映的结果是一致的，侧面说明风险溢价对超额收益的影响，以及财富水平对风险偏好的影响。根据以上假说，高期限利差与高财富倒数的组合说明期限利差更多地反映了风险溢价而非预期回报，应伴随高的未来超额收益。而实证检验的结果与之相反，这可能与我们在本书第 2 章所发现的内容更相吻合，也即高期限利差在中国债券市场主要反映高的未来利率预期而非风险溢价。

6.2.3　收益率预测的样本外分析

为避免透视效应，更加准确地评估模型对于超额收益的预测效果，在本节中我们采用样本外估计的方式，只利用预测时间点之前时段的数据拟合回归模型，考察模型的预测效果。对于模型的拟合，我们提出以下全时段和滑动时间窗口这样两种方式分别进行估计，使用 2014 年以前的数据来进行模型训练，并对 2014 年 1 月至 2020 年 5 月的数据进行样本外估计。

1. 全时段估计

选取 2007 年 6 月至被估计时间段内的全部数据进行模型的拟合，每新一期则增加本期可得的新数据代入模型，重新进行模型参数估计，进而得出本期的预测超额收益率值。将预测值与真实实现值以散点图的形式绘出，并统计每象限内的观测数，将得到的百分比标出，如图 6-6 所示。

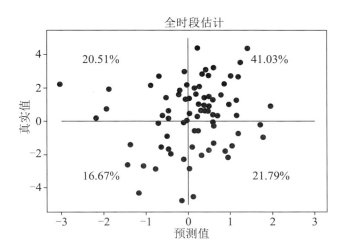

图 6-6　全时段估计预测值与真实值结果

整体而言，符号预测正确的比例占全样本的 57.70%，略高于随机判断下的 50%，说明模型的预测结果具有一定的效力。就每期预测值与实现值，我们在图 6-7 中画出它们在时间序列上的变化，可以看出，全时段预测值比实现值的方差更小，大体趋势与实现值相符，但受到反转因子一项的影响，整体呈现滞后一期的形态。此外，就不同时间段而言，由图 6-7 未能看出随时间变化的规律，各时段预测效果相当。

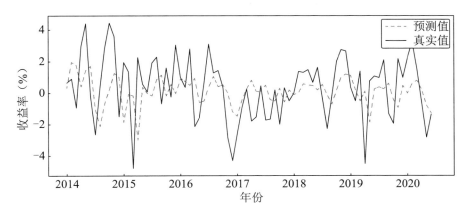

图 6-7　全时段估计预测值与真实值在时间序列上的变化

2. 滑动时间窗口估计

滑动时间窗口估计选取自待预测月向前若干月（记为窗口大小）的数据代入模型进行拟合。与全时段估计相比，二者的差异在于数据量与数据信息量之间的权衡取舍，全时段估计所用的数据量更大，但涉及较多早年数据，模型参数的拟合可能会受到这些数据的干扰；滑动时间窗口估计则使用较少的数据量，并保证数据的时效性及信息含量。

针对每一个要预测的月份，我们选取过去 11 个月的数据来进行模型拟合（我们随后会讨论不同的窗口期），预测值与真实值的散点图如图 6-8 所示，正负方向预测正确的比例为 55.13%。

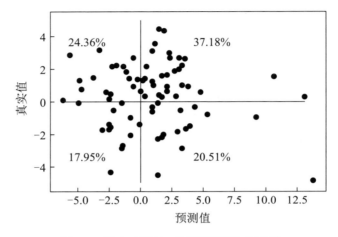

图 6-8　滑动时间窗口估计预测值与真实值

类似地，在图 6-9 中给出预测值与真实值在时间序列上的变化。与全时段预测结果相比，滑动窗口预测的结果波动性明显更大，且出现了一些超出 ±10% 的极端值，这与数据区间更短，模型系数波动更大是一致的。此外，就时间序列上的变化来看，滑动窗口预测的结果更加不规律，在 2015 年上半年、2017 年上半年、2018 年上半年及 2019 年末至 2020 年初呈现出较大的偏差，可能与所用数据部分极值的影响有关。

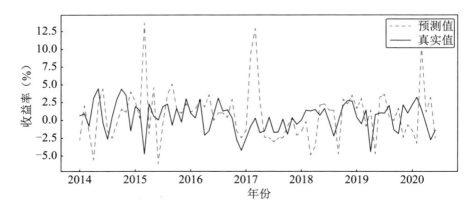

图 6-9　滑动时间窗口估计预测值与真实值在时间序列上的变化

3. 小结

将滑动窗口估计与全时段估计的样本外预测结果及真实值在时间序列上的变化共同画出，如图 6-10 所示，为方便比较，我们将滑动时间窗口估计的结果进行 ±5% 截尾处理。对照两种方式的预测结果与真实值，二者均能达到一定程度的预测效果，在方向判定的正确率上明显高于 50%。此外，全时段估计的结果比滑动窗口估计相对更为稳定，受到异常值的影响更小。

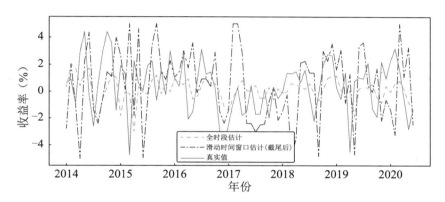

图 6-10　时段预测值、滑动窗口预测值（±5% 截尾后）及真实值折线图

窗口大小的设置对于滑动时间窗口的预测效果有较大影响，图 6-11 给出模型在各个窗口大小下预测方向正确的比例的变化趋势。此外，从趋势上来看，二者随时间窗口大小均呈现先降低后升高的变化形态，这与数据量与数据信息量的权衡取舍是相一致的。

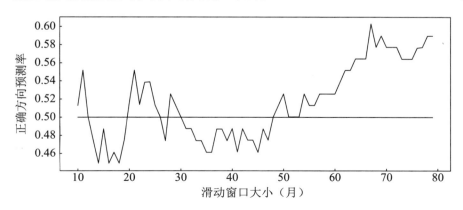

图 6-11　正确方向预测率随滑动窗口长短的变化

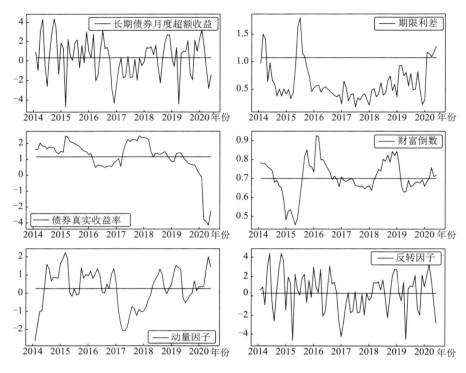

图 6-12　各解释变量与被解释变量在时间序列上的变化

图 6-12 展示了被解释变量与各解释变量在预测区间内时间序列上的变化情况。被解释变量超额收益率具有较为剧烈的波动，与 Ilmanen（1997）的美国债券市场的数据相比，其波动更大、周期更短，与我们所观察到的时间窗口大小设置结果是一致的。此外，期限利差与债券真实收益率呈现出与超额收益率不太相符的变化规律，波动周期较长，伴随着个别极端值，这与他们和被解释变量的相关系数很小是一致的。

同时，对照反转因子与动量因子在时间序列上的表现，动量因子更多地反映了较长期的趋势，波动周期较大，而反转因子更好地捕捉了短期趋势变化。由于中国债券市场周期相对较短，反转因子具有相较于动量因子更好的表现。

6.3　投资策略分析

在本部分，我们将以上的分析及预测结果应用于投资决策，分析各个投资策略的收益表现、稳定性及投资时间区间的影响。

6.3.1 策略的构建及表现

我们分别构建两种静态投资策略与两种动态投资策略，根据上一部分的分析，全时段预测的效果和稳定性都优于滑动时间窗口预测，因此我们采用全时段预测结果作为动态投资策略中调整头寸的依据，并利用夏普比率等指标及图示对策略表现进行初步分析。

1. 投资策略构建方式

我们构建四大类投资策略，利用回归模型所得的超额收益率预测值进行动态策略的仓位调整，以期收获更好的策略表现。由于预测需要一定数据量，本部分的策略投资时间区间为 2009 年 1 月至 2020 年 5 月。以下对每类策略的仓位设置方式进行具体说明。

（1）静态策略 1

不论市场表现如何，一直持有 10 年期以上长期债券。在后续计算中，以 10 年期以上中债财富指数收益率作为该策略收益率的代表。

（2）静态策略 2

不论市场表现如何，一直持有一半仓位的长期债券和一半仓位的无风险收益产品。在后续计算中，二者收益分别以 10 年期以上中债财富指数和锐思数据库提供的无风险收益率作为代表。与静态策略 1 相比，该策略以降低收益为代价降低了投资的风险。

（3）动态策略 1

根据对下一期超额收益的模型预测结果动态地调整长期债券与无风险收益产品的仓位比例，该策略只考虑超额收益率预测值的正负，不考虑其大小。当超额收益预测值为正时，以全部仓位持有长期债券；当超额收益预测值为负时，以全部仓位持有无风险收益产品。

（4）动态策略 2

根据对下一期超额收益的模型预测结果动态地调整长期债券与无风险收益产品的仓位比例，与动态策略 1 不同，该策略同时考虑超额收益率预测值的大小。具体调整方式为：当超额收益预测值为负时，以全部仓位持有无风险收益产品；当预测值在 0 ~ 1% 之间时，以 60% 的仓位持有长期债券，40% 的仓位持有无风险收益产品；当预测值在 1% ~ 2% 之间时，以 80% 的仓位持有长期债券，20% 的仓位持有无风险收益产品；当预测值大于 2% 时，以全部仓位持有长期债券。具体见表 6-5。

表 6-5　动态策略 2 头寸调整方式

月度超额收益率预测值	持有头寸分布
小于 0	100% 仓位持有无风险产品
大于 0 小于等于 1%	60% 仓位持有长期债券，40% 仓位持有无风险产品
大于 1% 小于等于 2%	80% 仓位持有长期债券，20% 仓位持有无风险产品
大于 2%	100% 仓位持有长期债券

2. 全时段数据预测

本节中，采用全时段数据拟合模型，每月加入上月数据重新进行拟合。预测值与实际实现值的散点图如图 6-13 所示，在本节所研究时间区间内，预测方向正确率达到 56.94%。

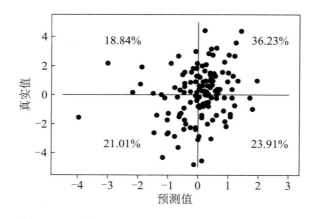

图 6-13　动态策略全时段估计预测值与真实值散点图

预测值与实现值在时间序列上的变化如图 6-14 所示，可以看出，在各时间段内预测值波动较小，且除 2013 年下旬外基本保持与实现值相同的变化趋势，这与我们在样本外估计部分的发现是一致的。

此外，在图 6-15 中，我们将各观测按照预测值由小至大的顺序排列，同时绘出预测值与真实值的折线图。可以发现，随预测值的增大，真实值整体呈现增大的趋势，但是仍然有较大的波动。总体而言，预测值对真实值的预测在符号上有一定的指向性，而在大小上的指向性不太明显。考虑到回归模型的 R^2 仅有 0.2 左右，该结果是在意料之内的，也进一步说明了长期债券超额回报是很难被预测的。

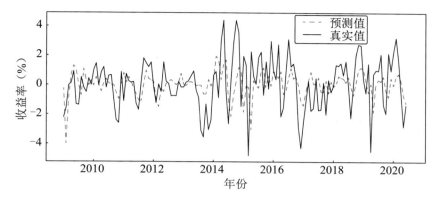

图 6-14　动态策略全时段估计预测值与真实结果在时间序列上的变化

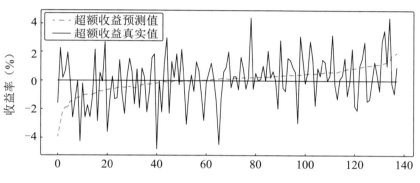

图 6-15　按超额收益预测值大小排序的预测值与真实值关系

3. 策略表现汇总

在本节中，我们采用收益均值、收益标准差及夏普比三个指标来衡量策略表现，其中夏普比的高低反映了收益—风险权衡的情况，是策略性能的重要评估标准，夏普比越高，说明投资组合单位风险对应的收益越高。

在表 6-6 中，我们给出上述三个统计量对于所有四个策略的取值。对比其夏普比值可以看出，两种动态策略表现均好于两种静态策略。而在动态策略中，动态策略 2（考虑超额收益预测值大小）的表现略好于动态策略 1（只考虑超额收益预测值正负），说明预测值的大小具有一定的指向性，但与图 6-15 所提示的相一致，在预测值方向之外加入大小的考虑对效果并没有十分明显的提升，仅使年化夏普比升高了不足 0.02。此外，观察收益均值及标准差数据，可以看出动态策略 2 主要依靠降低风险来提升夏普比，同时伴随部分收益的损失，这与动态策略 2 的具体构造过程是相一致的。总体而言，动态策略 2 达到了最高的夏普比，为 0.690，这说明使用动态策略 2 可以使投资人在控制了风险的同时，获得了相对更高的稳定收益。

表 6-6　各策略表现汇总（年化后）

	静态策略 1	静态策略 2	动态策略 1	动态策略 2
收益均值 (%)	0.972	0.486	2.890	1.942
收益标准差 (%)	5.972	2.986	4.290	2.813
夏普比	0.163	0.163	0.674	0.690

为方便比较，我们在图 6-16 中画出四种策略在时间序列上的各期收益表现，便于我们分析每一期的收益情况。正如动态策略 2 的构造方式所体现的，其比动态策略 1 具有整体更低的风险的同时，保证了投资人可获得的较高收益。此外，与静态策略相比，依据预测值进行调整的动态策略在许多负收益期选择 0 长期债券头寸，有效提升了平均收益和夏普比率。

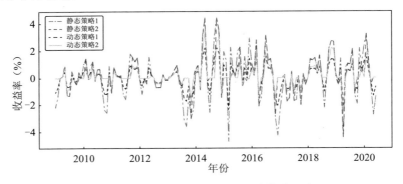

图 6-16　四种策略在时间序列上的各期收益表现

6.3.2　策略稳定性分析

我们发现基于预测结构的投资策略能够明显获得更高的投资回报率。下面将检验上述结果的稳定性，也就是说，能否保证以上发现在任何时间段中以及任何市场状况下都能够为投资者带来较高的收益。在本节中，我们将从滑动窗口相关性、子周期策略表现与累积收益情况三方面对策略稳定性进行分析与评估。

1. 滑动窗口相关性分析

滑动窗口相关性反映了各解释变量对于被解释变量的解释力度及方向在不同时间下的变化情况。图 6-17 ~ 图 6-19 分别给出了以 60 个月、36 个月和 12 个月为窗口大小的各解释变量与被解释变量间滑动时间窗口相关性折线图。随着时间窗口的收窄，各变量与超额收益的相关性随时间波动更加剧烈。

此外，由图 6-17 可以看出，在 2014 年前后，各解释变量与被解释变量间的相关性发生明显变化，动量因子、期限利差、真实收益率等与超额收益的相关性明显上升，财富倒数与超额收益相关性则大幅下降，但这种变化在较短期时间窗口下则不甚明显。

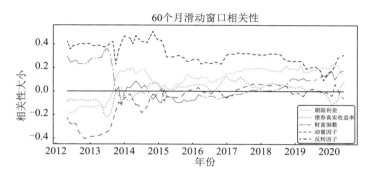

图 6-17　60 个月滑动时间窗口相关性（各解释变量与超额收益）

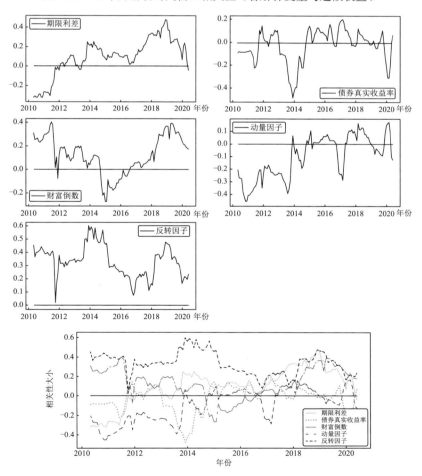

图 6-18　36 个月滑动时间窗口相关性（各解释变量与超额收益）

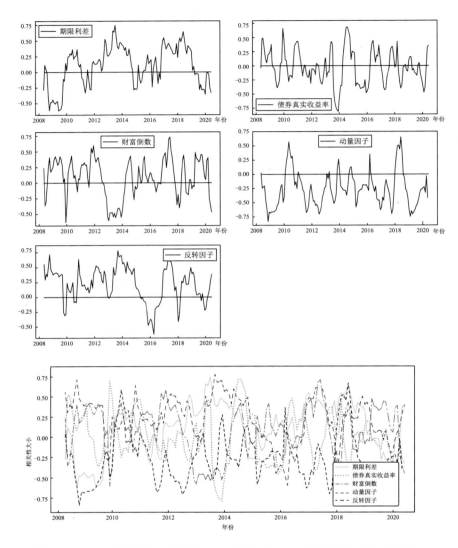

图 6-19　12 个月滑动时间窗口相关性（各解释变量与超额收益）

2. 子周期策略表现

本章将样本区间分为了三个子周期：2009 年 1 月至 2012 年 12 月；2013 年 1 月至 2016 年 12 月；2020 年 1 月至 2020 年 5 月。

我们检验了不同子时间段内的模型预测方向的准确性。表 6-7 展示了在三个子样本内预测值符号正确的比例。最高预测准确率为 61%（2017—2020 年），最小预测准确率为 52%（2009—2012 年）。在所有子时间段中，预测模型对于超额回报率符号方向的预测准确率均超过 50%，说明模型预测准确性随着时间变化，但是无论任何期间都是具有参考意义的。对于2009—2012年子周期的预测表现相对较弱，可能与后金融危机时期的金融市场政策调整有关。

表6-7 预测值符号正确比例的子样本检验

	2009—2012年	2013—2016年	2017—2020年
正确方向预测率	52%	58%	61%

此外，本章还检验了不同投资策略在不同子时间段中的表现。表6-8呈现了三个子样本内不同投资策略的历史平均超额回报率、超额回报率波动率和夏普比率（均已年化）。从表中的数据可以发现，在不同的时间段中，两种动态投资策略的超额回报率历史表现基本都优于两种静态投资策略，其中动态策略2在2013—2016年和2016—2020年子周期内最优，动态策略1在2009—2012年子周期内最优。综合考虑，动态策略2的历史表现略优于动态策略1，这与前文的结论是相一致的。

就不同时间区间的策略夏普比而言，各策略在2009—2012年表现均最差，在2013—2016年表现均最好。在2009—2012年静态策略出现负收益，表6-7所示的符号正确预测率也较低，但无论何子周期内，动态策略的表现均明显优于静态策略，说明我们构建的动态策略在不同投资时间段与经济状况下均具有较好的稳定性。

表6-8 各策略子周期表现

子周期	统计量	静态策略1	静态策略2	动态策略1	动态策略2
2009—2012年	均值 (%)	−0.254	−0.127	0.967	0.551
	标准差 (%)	3.520	1.760	2.176	1.375
	夏普比	−0.072	−0.072	0.444	0.401
2013—2016年	均值 (%)	2.116	1.058	4.819	3.229
	标准差 (%)	7.679	3.840	5.210	3.502
	夏普比	0.292	0.292	0.903	0.903
2017—2020年	均值 (%)	0.553	0.277	3.267	2.279
	标准差 (%)	6.405	3.203	5.083	3.199
	夏普比	0.094	0.094	0.668	0.732

3. 累积收益情况

除子周期表现分析外，另一种检验预测稳定性的方法是观察投资策略的财富积累随着时间增长的情况。如果一个投资策略是理想的并具有完全预见性，其财富值是不会出现下降的，其累积财富的增长应该更为平稳。

图 6-20 呈现了本章设计的四种投资策略在观测期内的财富增长情况。纵坐标表示在 2009 年年初投资 100 元随时间变化带来的财富变化情况。从图中可明显看出，两种动态策略的累积财富增长较静态策略都具有明显的优势。在两种动态策略中，动态策略 1 的曲线更高，但财富增长不如动态策略 2 稳定，印证了动态策略 2 利用预测值大小信息降低风险的优势。以上结果说明本章提出的简单预测模型具有较好并且较稳定的预测能力，能够为投资者带来更高的超额回报率。

图 6-20　各策略累积收益折线图

6.3.3　预测结果讨论

以上的回测结果说明，通过引入解释变量对未来一期长期债券超额收益的预测可以在很大程度上提高策略表现。从收益来看，两种动态策略均明显优于静态策略，而当我们引入风险考虑，对收益进行调整，动态策略的优势则更为明显。

对于风险，如果以债券波动率来计算，根据表 6-6 的数据，两种动态策略的收益均高于静态策略 1，波动均低于静态策略 1，就夏普比而言，动态策略约为静态策略的 4 倍；如果投资者主要考虑回撤风险，根据图 6-11 所示的所选时间区间的正确符号预测率可以推出，动态策略 1 仅在 18.8% 的月份表现不及静态策略 1（在 21% 的月份优于静态策略 1，其余 60.2% 的月份二者持平）。但是，如果我们考虑随时间变化的风险溢价，动态策略的高收益可能只是反映了在高风险或投资者高风险厌恶时期对于承担额外风险的相应补偿。

尽管动态投资策略具有较好的收益表现，在现实中很少有投资者会选择利用债券收益率的预测构建策略进行投资。一方面，这对于利用债券收益率预测的投资者是一个好消息，说明有很多潜在的"套利机会"。但值得注意的是，由于我们对于收益率的预测准确率仅为约58%，这里的套利并不是无风险的。另一方面，对于投资者很少利用该类策略的现象，我们认为有以下可能的解释：

许多投资者更加倾向于利用更具主观性的债券收益预测方式，另一些投资者认为市场波动很难被预测，他们认为我们构建的策略收益来源于数据透视偏差，或在样本期内市场没有实现相应的预期，因此他们更多地采用不受市场波动方向影响的投资策略。

相较于策略收益，潜在的策略损失往往会给投资者留下更深的印象，尽管在长时期跨度下，动态策略可能具有较优的表现，短期的策略回撤风险会带给投资经理较大的职业压力；此外，这些回撤可能在衰退期出现。动态策略的高收益可能反映了对于这些不利方面的补偿。

此外，长期债券流动性也是制约投资者采取动态策略的原因之一。虽然对于部分投资者而言，依据债券超额收益预测构建的投资策略具有过大的风险，但预测值在一定程度上具有一定的提示作用。例如，一些投资者可以利用预测值中的强信号进行投资，我们在表6-9中给出了利用全时段预测方法，预测值在不同大小范围内的月份占比及平均超额收益(已年化)。可以看出，随着预测值的绝对值增大，子样本平均超额收益的绝对值也随之增大，在预测值为很大的正值或负值时，该期债券超额收益倾向于呈现较大的正值或负值，但符号预测正确率的变化趋势不及平均超额收益的明显，除预测值在 -0.5% 至 0 之间外，预测符号正确率均在 60% 左右。以上结论与结合预测值大小信息的动态策略 2 表现略优于只利用正负方向信息的动态策略 1 是相一致的。

表 6-9 全时段预测对应预测值（未年化）分段讨论结果

	符号正确率（%）	平均超额收益(年化)	月份占比（%）
预测值 <-1%	64.3	-10.15	10.14
-1% ≤预测值 <-0.5%	58.3	-4.70	8.70
-0.5% ≤预测值 <0	44.8	-2.28	21.01
0 ≤预测值 <0.5%	60.8	3.44	36.96
0.5% ≤预测值 <1%	61.1	4.41	13.04
预测值 ≥ 1%	57.1	10.27	10.14

6.3.4 投资时间跨度的影响

在上一部分，我们指出两种动态策略可能具有投资者所无法接受程度的短期回撤风险，但对于长期投资者而言，这些策略表现则是十分可观的。这说明投资周期的长短对于策略表现及投资者决策有较大的影响。在本节中，我们重点探究投资时间跨度对于动态策略表现（对投资者的吸引力）的影响，即：对于我们构建的动态投资策略，多长的时间跨度能够使投资者有信心认为其表现是优于无风险收益或一般长期债券的。围绕该核心问题，我们从年度收益及不同时间跨度比较两方面进行实证研究及讨论。

1. 年度收益汇总

根据前文的样本外预测结果，对于月频数据而言，正确符号预测的概率约为 57.2%，但拉长时间跨度可以提升策略效果。图 6-21 中展示出四种策略的各年度累积收益率，其中每年度累积收益率的算法为：以每年初为 1 作为起始值，由该年 12 个月的各月收益按照复利的方式累积，得到本年的累积收益率数值（对于 2020 年的数据，由于只有 1 月至 5 月的数据，我们使用 12/5 年化）。可以看出，在样本区间的 12 年中，仅有两年（2015 年和 2019 年）静态策略 1（一般长期债券）收益高于动态策略 1，在 2012 年和 2014 年二者持平，而在余下 8 年中，动态策略 1 均优于静态策略 1。对于动态策略 2，有 7 年收益高于静态策略 1，5 年低于静态策略 1，虽然收益胜出的比例相较于月度预测符号正确率没有明显的提升，但动态策略 2 在降低收益的波动即风险上更具优势。

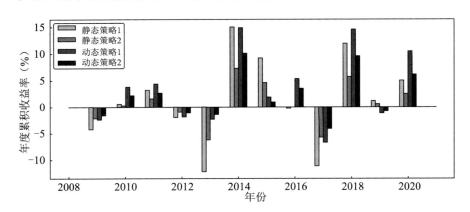

图 6-21 不同策略年度总收益率柱状图

2. 不同时间跨度比较

我们以月、季、年、3年和5年为代表进行不同时间跨度的收益比较。比较对象分别为：无风险利率、长期债券利率和同时高于以上两者，表6-10中分别给出两种动态策略在相应时间跨度下胜出比较对象的期数占比，对于月度以上的时间跨度，为增加数据量，使结论更具代表性，我们采用滑动窗口的方式得到一系列周期内累积收益数值。

可以发现，对于一年的时间跨度，动态策略对于二者同时的胜率达到约63%（动态策略1）和约46%（动态策略2），对于三年期达到约92%和约75%，对于五年期达到约99%和约65%，因此，对于长期投资者，动态策略可以实现非常稳定的优异表现。对于动态策略2，在与长期债券的累计收益数值对比上表现不及动态策略1，这主要是由于动态策略2采用的债券头寸占比均小于等于动态策略1，该种较为保守的策略就长时间跨度下的收益而言具有一定的劣势。

在图6-22中以3年期为例，画出各策略的周期内累积收益随时间变化的情况，此外，在图6-23中画出各策略在36个月滑动时间窗口内的夏普比变化。可以看出，两个动态策略表现较为平稳，且在几乎所有期具有正累积收益，就夏普比表现而言，动态策略始终胜过静态策略，两类动态策略夏普比十分接近，动态策略2在近三年胜过动态策略1。静态策略则具有较大的波动，仅在2016—2017年前后表现较优，夏普比接近动态策略，这与表6-10中的结论是相一致的。

尽管策略未来收益一般可能不及历史数据回测时的结果，在3年和5年的时间跨度下，历史数据中动态策略远远胜过长期债券与无风险利率，我们有较强的信心相信该策略具有较优的未来收益表现。

表6-10 不同时间跨度下各动态策略表现胜过比较对象的比例

策略	比较对象	月度	季度	年度	3年	5年
动态策略1	无风险利率	0.362	1.000	1.000	1.000	1.000
	长期债券	0.210	0.360	0.630	0.922	0.987
	二者	0.000	0.360	0.630	0.922	0.987
动态策略2	无风险利率	0.362	1.000	1.000	1.000	1.000
	长期债券	0.449	0.463	0.465	0.748	0.646
	二者	0.000	0.463	0.465	0.748	0.646

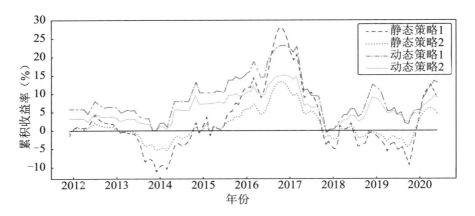

图 6-22　36 个月滑动窗口各策略累积收益表现

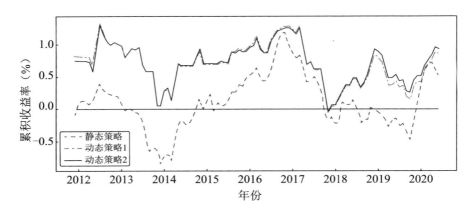

图 6-23　36 个月滑动窗口各策略夏普比率表现

6.4　结　论

本章主要研究了债券的超额回报率预测模型在债券主动投资策略中的应用。主要结论如下：

第一，本章建立的回归模型对长期债券的超额回报率具有较高的预测能力，其中，反转因子、财富倒数和动量因子在中国市场上起到了较好的效果。经过样本外估计的检验，模型对长期债券超额回报率的月度符号正负的预测准确率能达到接近 60%。因此，使用预测模型提前判断债券市场走势，能够有效规避市场风险。

第二，债券主动投资策略的历史表现明显好于被动投资策略，能够为投资者带来更高的投资收益和夏普比，且在累积收益、子周期表现等方面具有较强的稳定性，明显优于被动投资策略。此外，引入了债券超额收益大小预测值的动态策略在一定程度上优于只考虑预测值方向的动态策略，说明预测值大小具有一定的额外信息量。

本章的研究结果表明，长期债券超额回报率可以有效地反映债券风险溢价。对超额回报率的分析和预测能够获得有价值的信息，为投资者带来更高的投资收益。在比较投资回报率的过程中，本章并未考虑债券交易手续费和流动性等实际操作因素，所以可能高估需要频繁交易的主动投资策略的优势。

中国债券市场起步较晚，波动较大，且中国债市存在诸多限制。例如，从 2016 年起，央行才开放了对境外投资者的（投资）额度限制[1]。这些因素在一定程度上影响了对债券超额回报率的预测在实际债券投资中的应用。尽管如此，本章的研究结果仍然能够证明参考了收益率曲线信息的债券主动投资策略的表现明显优于被动投资策略，这些研究结果为主动投资策略提供证据支持。

---

[1] 详见：《人民币国际化报告》（https://www.reuters.com/article/idCNL4S0ZU3IL20150714）

第 7 章　国债期货交割期权定价

导语：固定收益证券的核心是利率曲线。能够准确地预测出未来的收益率曲线变化，就能够给债券、债券衍生品定价并给出优化的交易策略。我们使用离散利率模型来研究国债期货中隐含期权的价格。在离散情况下，最常用的利率分析工具为二叉树模型、泰勒展开式，二叉树模型更加直观灵活，应用灵活广泛。基于 Mark Koenigsberg(1991) 提出的二叉树交割期权定价框架，本章使用 BDT 模型（Black-Derman-Toy 模型）和嵌入子树的方法对国债期货的交割期权进行定价。通过对国债期货的研究，我们介绍如何构建二叉树利率模型来利用收益率曲线信息为利率衍生品定价。

7.1　国债期货

7.1.1　定义

国债期货涵盖几个重要概念：标准券、可交割券、转换因子、最便宜可交割券。国债期货以标准券（例如，我国 5 年期国债期货合约规定，其标准券是在期货到期月剩余期限为 5 年整，票面利率为 3% 的国债）作为基础资产报价。标准券是虚拟券，现实中并不存在。现实中存在的是一系列符合条件的可交割券（例如，我国 5 年期国债期货合约规定，期货合约到期月首日剩余期限为 4～7 年的记账式附息国债为可交割券）。不同的可交割券有不同的票面利率、付息时间、到期期限，所以其价值不同，因此，必须在可交割券价格与期货（虚拟标准券）价格之间建立起折算关系，这个关系就是转换因子。

简单地讲，转换因子是假设面值为 1 元的可交割券在其到期期限内所有现金流按标准券到期收益率（票面利率）折现计算得到的现值（净价）。转换因子会导致在交割时有些可交割国债相对比较便宜，并且合约空头可以选择最便宜可交割国债（cheapest to deliver, CTD）。最便宜可交割券的存在和可能的变化是空头选择期权的基础。实际上，市场价格最低的债券未必是最便宜可交割券，因为转换因子可能导致期货价格升高或降低的情况。对空头来讲，最便宜可交割券就是采用假设买入可交割券债券现货、持有到交割日进行交割策略净收益（隐含回购利率）最大的债券。

国债期货给与空头方（卖方）多个选择权，包括择券期权和择时期权。国债期货定价时需要考虑这些期权的市场价值。空头方在交割时选择可交割债券中的任何一个进行交割，因此一个重要的期权就是择券期权。实际上，空头会在一揽子可交割债券中选择交割成本最低的债券进行交割。随着市场利率的波动，最便宜可交割券可能在最后交割日到来之前发生变化。当最便宜可交割券发生变化时，空头的一方有权利选择当前的最便宜可交割券进行交割，因此事实上空头方拥有择券期权，空头可以利用该交割期权选择对自己最有利的债券进行交割，从而在交割中获利。

如果在进行国债期货定价时仅仅简单假设期货价格跟随最便宜可交割券的价格而忽略了择券期权的价值，计算出的价格将与真实的国债期货价值发生偏差。除此之外，上述假设还将使国债期货价格与市场利率关系曲线（即敏感度曲线）不连续。在最便宜可交割券发生变化时，敏感度曲线具有跳变点。这就导致利用国债期货进行利率风险对冲时，在最便宜可交割券变化的情况下持仓比例需要进行较大变化，不利于投资者利用国债期货进行风险对冲。

7.1.2 含权定价模型

常见的含权定价模型共包括五种，即利用历史交割数据计算、利用历史成交价格数据倒推、利用市场上其他利率衍生品的价格、估计债券价格或利率的未来分布和 BDT 模型，我们将演示如何使用 BDT 模型对国债期货的期权进行定价。

在 1990 年，Black，Derman 和 Toy 提出一个单因子离散利率模型。该模型假设瞬时利率对数变化服从有漂移项的布朗运动，可以通过即期收益率曲线校准，得到即期利率二叉树，并通过二叉树为债券期权定价。该模型的无套利性质保证二叉树上每一步的"时变均值"和"时变标准差"与即期利率期限结构及即期利率波动率期限结构完全符合。该模型在固定收益证券定价领域被广泛应用。

Mark Koenigsberg 提出使用符合对数正态分布的二叉树利率模型对交割期权进行定价。具体就是利用定价日的利率期限结构和即期利率波动率构建二叉树，再利用该树对不同可交割债券现金流进行折现，计算模型期货价格及交割期权价值。然而，Mark Koenigsberg 并没有明确所使用的二叉树模型，也没有在文章中给出利用该模型对交割期权定价的实证研究分析。

本章提出使用 BDT 模型和嵌入子树的方法对国债期货进行定价。利用 BDT 模型能够在每个时间点上形成利率变化分布这一特点，构建出最后交割日的期货价格分布，再将该分布中的价格与定价日最便宜可交割券对应的模型期货价格相减，乘以定价日最便宜可交割券的转换因子，得到各个利率情况下的交割期权价值。将该交割期权价值分布折现到定价日，就得到定价日交割期权的价值。本章以中国国债期货 TF1512 为研究样本，对使用本模型进行实证分析做出示例。

计算交割期权的价值，能够使计算出的国债期货价格更接近真实价值，对投资者进行套期保值时计算对冲比例具有指导意义。本章所采用的 BDT 模型在计算模型期货价格的过程中所产生的最后交割日期货价格分布能够用于预测哪只债券最可能成为最终的最便宜可交割券。总之，我们利用收益率曲线为国债期货及其他利率衍生品定价。

7.2 BDT 模型

7.2.1 构建BDT模型

BDT模型是 Black, Derman. & Toy (1990) 提出的一种二叉树利率模型。该模型为单因子模型，即只有瞬时利率（short rate）这一随机变量。该模型通过模拟利率变化，产生未来利率分布。模型假设瞬时利率的变化服从对数正态分布，这一性质确保利率均值回归并且不会为负。该模型利用市场利率期限结构和波动率进行校准。BDT 模型的瞬时利率的随机微分方程如下：

$$\mathrm{d}\ln(r) = \left(\theta_t + \frac{\sigma'_t}{\sigma_t}\ln(r)\right)\mathrm{d}t + \sigma_t \mathrm{d}W_t \quad (7\text{-}1)$$

其中，r 为 t 时刻的瞬时利率，θ_t 为瞬时漂移项，σ_t 为瞬时利率波动率，σ'_t 为下一个时间段短期利率的瞬时波动率，W_t 为标准布朗运动。利率波动率是随时间变化的。

若一个国债期货有 n 只可交割债券，则需为这 n 只债券建立一棵 BDT 利率二叉树，用于该 n 只债券的现金流折现。利用 BDT 树进行现金流折现要求现金流产生在 BDT 树上的某一层的节点上，而不是产生在层与层之间。考虑到一般而言可交割债券之间付息日和到期日均不相同，若需要使每只可交割债券的付息日恰好在同一棵 BDT 树的某一层上，则该 BDT 树需要以一天为步长。对于 5 年期国债期货而言，其对应的可交割债券中通常包含到期日在 5～6 年之后的债券。这就意味着若以日为步长，该 BDT 树的层数将多至 2000 多层。这对实际上的计算和建模带来了较多负担，如此多层数的 BDT 树在实现上较为不现实。

为应对以上问题，本章采用以一个月为步长的 BDT 树。同时，为解决各个债券到期日相互之间日期不同的问题，本章假设各个债券的付息日和到期日都为实际付息日及到期日当月或相邻月份的同一个选定的日期。使用本模型时，若确定了需要以某月某日为定价日，则以一个月为步长，确立各个时间节点，并假设所有债券的付息日都推到离它们实际付息日最近的时间节点。例如，若选定的定价日为 4 月 10 日，则一只实际在 5 月 2 日付息的债券被假设付息日在 5 月 10 日，而一只实际在 5 月 30 日付息的债券则被假设付息日在 6 月 10 日。上述假设将所有债券的付息日都推到了各个不同月份的同一个日期，方便以月为步长建立 BDT 树。利用定价日当天的年化后利率期限结构以及各个期限利率所对应的波动率，可以构建出以月为步长的 BDT 利率二叉树（图 7-1）。

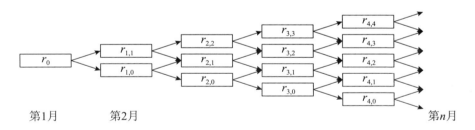

图 7-1　以月为步长的 BDT 利率二叉树

有了上述以月为步长的 BDT 树，可以将各个可交割债券所支付的利息与本金进行折现，获得在各个时间点上，该可交割债券的价格分布情况。利用 BDT 树对债券现金流进行折现的公式如下：

$$p_{i,j} = \frac{(p_{i+1,j+1} + p_{i+1,j})}{2} \cdot \exp(-r_{i,j} \cdot t) \qquad (7\text{-}2)$$

其中，$p_{i,j}$ 为第 i 层第 j 个节点上该债券的价格，$r_{i,j}$ 为 BDT 利率二叉树上第 i 层第 j 个节点上的利率，t 指层与层之间的时间间隔，以 1 个月为步长则此处的 t 为 1 个月，即 1/12 年。

若所研究的国债期货有 n 只可交割债券,则类似图 7-1 的价格树则有 n 棵。也即可以利用同一棵 BDT 利率二叉树进行现金流折现,为这 n 只可交割债券建立各自的价格树(图 7-2)。

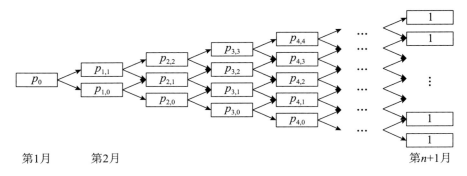

图 7-2 以月为步长的 BDT 利率二叉树所对应的价格树

仅仅构建出以月为步长的利率树是不够的,图 7-2 中各个价格分布均为每月同一天的价格分布,而国债期货的最后交割日未必在该月的该特定日期,造成了国债期货到期日不在上述价格树的任意一层上,而是在层与层之间。针对这个问题,本章将在靠近国债期货最后交割日的价格树节点上嵌入一棵以日为步长的树(下称子树,subtree)。将该子树与以月为步长的价格树(下称母树)上的相关节点校准,则该子树实际上与定价日的市场利率也进行了校准。

具体嵌入子树的方法如下:将需要嵌入子树的上下两个价格树节点上的价格进行 30 等分,产生包含 30 个价格的等差数列,其中,最低和最高的两个价格分别为母树上对应的上下两个节点的价格,即 $p_{i,j}$, $p_{i,j-1}$。记 $p_{i,j} - p_{i,j-1}$ 为 Δp,则子树的叶子节点的价格依次为 $p_{i,j}, p_{i,j} - \Delta p$,$p_{i,j} - 2 \times \Delta p$,…,$p_{i,j-1}$。在需要嵌入子树的层上,依次两两母树节点之间进行上述嵌入操作,直至该层上每棵子树完成嵌入。

接下来需要将上述子树的 30 个叶子节点上的价格按一天为步长进行现金流折现。在母树上,层与层之间的间隔为 1 个月,因此可以将母树上相邻的两层分割为 30 层,产生子树,子树的每层则以 1 天为间隔。价格树的两层之间对应 BDT 树上的利率,该利率的含义为年化的月利率。将该利率除以 360(假设每个月有 30 天,一年包含 12 个月),得到该月每天的日利率(此处实际上假设了该月中每天的日利率相等),记为 r'。利用该日利率对子树末端的 30 个价格按日进行折现,就能够得到子树上每一天的价格分布。

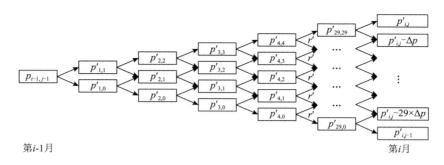

图 7-3　嵌入子树示意图

7.2.2 交割期权价值与国债期权价值

在价格树中嵌入的子树上，能够找到国债期货最后交割日所在的层，该层上的各个节点所代表的价格分布即为本模型所预测的各个可交割债券在国债期货最后交割日的债券价格的可能分布。该价格分布中的各个价格实际为全价。模型期货价格与可交割债券的全价之间的关系如下：

$$\text{Future Price}_{\text{model}}^{\ j} = \min_{i} \frac{(p_i^j - \text{Accrued Interest})}{\text{Conversion Factor}} \qquad (7\text{-}3)$$

其中，$\text{Future Price}_{\text{model}}^{\ j}$ 为最后交割日的第 j 个节点上的模型期货价格，p_i^j 为第 i 只债券在第 j 个节点上的全价。实际上，式（7-3）的含义为，在最后交割日，利率可能会因上升或下降而变动到某一种情况。这些情形在 BDT 利率二叉树上表现为同一层中上下不同的节点。对于任一种利率变化的情形，在该情形下能够确定出最后交割日的最便宜可交割券，也就对应了一个确定的期货价格。将 BDT 模型包含的最后交割日可能产生的利率变化情形对应的最便宜可交割券价格及期货价格一一求出，即得到了在最后交割日期货价格的分布。

由此，最后交割日这一层上的各个节点上的期货价格被确定下来，为该节点上 n 只债券的全价经上述计算后的最小者。当各个节点的模型期货价格确定下来时，最后交割日当天的预测期货价格分布就确定了。

下面我们定义两种不同的交割方式，来确定交割期权的价值。

第一种方式是利用定价日当天的利率期限结构，计算出定价日当天的最便宜可交割券。已知定价日的利率期限结构，我们能够计算出各个可交割债券的全价和净价，再用净价除以转换因子，其中数值最低者就是定价日的最便宜可交割券。在上述期货价格分布的各个情况中找到定价日最便宜可交割券所对应的最后交割日期货价格。

假设国债期货不包含交割期权，则可以认为到最后交割日，无论各个利率情况中最终最便宜可交割券是哪只，空头都必须使用定价日所确定的最便宜可交割券进行交割。

第二种方式是交割方式产生的损失即为可选择交割期权的价值。假设在第 j 种利率情况中，最后交割日的最便宜可交割券为 A 券，定价日最便宜可交割券为 B 券，则交割期权在这一情况下的价值为：

$$\text{Option Value}^j = (F_B - F_A) \cdot CF_B \quad (7\text{-}4)$$

其中，F_B 为 B 券在第 j 种利率情况中计算出的模型期货价格，F_A 为 A 券在第 j 种利率情况中计算出的模型期货价格，CF_B 为 B 券的转换因子。

实际上，式（7-4）也可以表达为下式：

$$\text{Option Value}^j = \left(\frac{P_B - AI_B}{CF_B} - \frac{P_A - AI_A}{CF_A} \right) \cdot CF_B \quad (7\text{-}5)$$

其中，P_B 和 P_A 分别为 B 券和 A 券在最后交割日第 j 个节点上的模型期货价格，AI_B 和 AI_A 分别为 B 券和 A 券在最后交割日的应计利息。将每一种利率情况进行上述交割期权价值的计算，得到在最后交割日交割期权价值的分布。将该期权价值分布通过子树中的日利率折现回子树的根节点，即 BDT 利率二叉树上的一个节点，再由 BDT 利率二叉树折现到定价日，得到定价日的交割期权价值。

确定了交割期权的价值后，为了计算包含交割期权的国债期货价格，我们还需要计算不包含期权情况下国债期货价格。如果国债期货不包含期权，可以认为至最后交割日空头均无法选择使用哪只债券交割，而只能用事先约定好的某一只债券进行交割，即交割方式（2）。此处不妨假设如果国债期货不包含交割期权，则从定价日起，空头只能使用定价日当天的最便宜可交割券进行交割，即使之后利率期限结构发生改变，最便宜可交割券发生变化，仍只能以定价日的最便宜可交割券进行交割。

显然，在上述假设下，不包含交割期权价值的国债期货价值应该与定价日当天的最便宜可交割券价值挂钩。已知定价日的利率期限结构，我们能够计算出每个可交割债券的全价和净价，再用净价除以转换因子，其中数值最低者就是定价日的最便宜可交割券，该券净价除以转换因子所得的价格即为不包含交割期权价值的国债期货价值。

空头方卖出国债期货时，可以看作同时买入了期权，因此实际期货价格要低于不包含期权的期货价格。不包含期权的期货价格减去期权价格就是包含交割期权的国债期货价格。

$$P_{\text{withoption}} = P_{\text{withoutoption}} - \text{Option Value} \quad (7\text{-}6)$$

其中，Option Value 代表交割期权的价值，$P_{withoutoption}$ 代表不包含交割期权价值的期货价格。

7.3 交割期权的实证研究

7.3.1 收益率结构及国债利率

本章所需的数据为构建 BDT 利率二叉树的即期收益率期限结构及即期收益率波动率。所使用的即期收益率数据均来自 WIND 数据库。实证研究使用 2015 年 3 月 16 日、2015 年 7 月 16 日、2015 年 11 月 2 日、2015 年 12 月 1 日及 2015 年 12 月 11 日的即期收益率数据，其中包括 1、3、6、9 个月和 1 年至 10、15、20、30 年期的即期收益率，即每个日期共 17 条即期收益率数据。以 2015 年 3 月 16 日为例，见图 7-4。

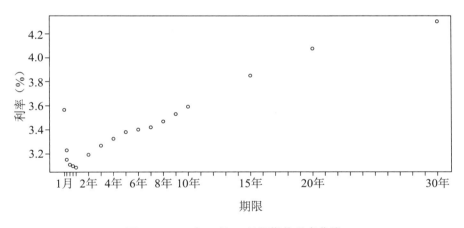

图 7-4 2015 年 3 月 16 日即期收益率曲线

收益率波动部分，我们通过计算历史收益率的波动率来获得构建 BDT 利率二叉树所需的波动率数据。对于上述四组实证分析均采取时间窗为 1 年的即期收益率历史数据的标准差作为各个期限利率的波动率。同样，我们以 2015 年 3 月 16 日为例，给出不同期限即期收益率的波动，见表 7-1。

表 7-1 2015 年 3 月 16 日各期限收益率的波动率

期限（年）	波动率（%）	期限（年）	波动率（%）
1/12	0.288	6	0.375
3/12	0.222	7	0.354

续表

期限（年）	波动率（%）	期限（年）	波动率（%）
6/12	0.274	8	0.371
9/12	0.273	9	0.379
1	0.261	10	0.362
2	0.282	15	0.362
3	0.318	20	0.386
4	0.336	30	0.398

此外，本章将模型计算出的国债期货价格与定价日当天的市场价进行对比，由此可判断通过加入交割期权的价值，本模型是否使国债期货的定价更加接近市场价格。市场价格数据来源于锐思金融数据库。本章选取TF1512合约进行研究。TF1512共有14只可交割债券，具体债券如表7-2所示。

表 7-2　TF1512 可交割债券列表

编号	可交割国债全称	上交所代码	票面利率（%）	到期日
1	2005 年记账式（十二期）国债	10512	3.65	2020/11/15
2	2010 年记账式附息（二期）国债	19002	3.43	2020/2/4
3	2010 年记账式附息（七期）国债	19007	3.36	2020/3/25
4	2010 年记账式附息（十二期）国债	19012	3.25	2020/5/13
5	2010 年记账式附息（二十四期）国债	19024	3.28	2020/8/5
6	2010 年记账式附息（三十一期）国债	19031	3.29	2020/9/16
7	2010 年记账式附息（三十四期）国债	19034	3.67	2020/10/28
8	2011 年记账式附息（二期）国债	19102	3.94	2021/1/20
9	2013 年记账式附息（三期）国债	19303	3.42	2020/1/24
10	2013 年记账式附息（八期）国债	19308	3.29	2020/4/18
11	2013 年记账式附息（十五期）国债	19315	3.46	2020/7/11
12	2013 年记账式附息（二十期）国债	19320	4.07	2020/10/17
13	2014 年记账式附息（三期）国债	19403	4.44	2021/1/16
14	2015 年记账式附息（三期）国债	19503	3.31	2020/2/5

2015 年 12 月 1 日和 11 日分别是 TF1512 的首个交割日和最后交割日。我们提供两种问题的实证研究作为本方法的示例，即研究尚未进入交割月及交割月中两种情况下包含交割期权的国债期货价值和交割期权价值。在实证研究的第一部分，我们分别选取 2015 年 3 月 16 日、2015 年 7 月 16 日、2015 年 11 月 2 日作为定价日计算国债期货期权价值。在第二部分中，选取 2015 年 12 月 1 日作为定价日，研究交割月中交割期权价值的计算。

7.3.2 交割月之前的期权价值

1. 定价日为2015年11月2日

TF1512 于 2015 年 12 月进入交割月，本部分选取交割月之前的一个月，即 2015 年 11 月 2 日，作为定价日，研究交割月之前的交割期权定价。本章使用 Matlab 软件中的 Financial Instrument Toolbox 所包含的 bdttree 等函数建立 BDT 树。利用 2015 年 11 月 2 日的即期收益率数据及各期限收益率对应的波动率，构建出从 2015 年 12 月 2 日到 2021 年 2 月 2 日，间隔步长为 1 个月的 BDT 利率二叉树，共计 63 个时间节点。图 7-5 是以 2015 年 11 月 2 日为起点构建的 BDT 利率二叉树的前 10 层。2015 年 11 月 2 日 BDT 利率二叉树共有 63 层，由于篇幅所限不在文章中完整展示。

```
                                                            0.02990
                                                    0.02898
                                            0.02810         0.02820
                                    0.02725         0.02734
                            0.02644          0.02652         0.02660
                    0.02565         0.02572          0.02579
            0.02490         0.02496          0.02502         0.02508
    0.02418         0.02423         0.02428          0.02433
0.02348         0.02353         0.02357          0.02361         0.02365
0.02242         0.02289         0.02292          0.02295
    0.02220         0.02226         0.02228          0.02231
            0.02160         0.02162         0.02164         0.02165
                    0.02100         0.02102          0.02103         0.02104
                            0.02042         0.02042          0.02043
                                    0.01984         0.01984          0.01984
                                            0.01928         0.01927
                                                    0.01872          0.01871
                                                            0.01818
                                                                    0.01764
```

图 7-5 2015 年 11 月 2 日 BDT 利率二叉树前 10 层

通过上述 BDT 利率二叉树对 TF1512 的 14 只可交割债券进行折现，即通过同一棵 BDT 利率二叉树对可交割债券进行折现。上述方法可以得到 14 棵以一个月为步长的价格树，称为母树。在这 14 棵母树上嵌入子树实际上就是在母树的第三层和第二层之间用 7.2.1 节中的方法进行嵌入。

以可交割债券中的 2005 年记账式（十二期）国债（下称 05 国债）为例，该债券前三层价格树如图 7-6（图中价格为全价）。

```
                            103.7381
                    103.54662
        103.3677           103.7575
                    103.5669
                            103.7768
```

图 7-6 2005 年记账式（十二期）国债价格前 3 层（单位：元）

在该债券价格树的第二层和第三层之间嵌入子树，将获得上下两个节点的两棵子树。上、下子树各个节点的具体价格由于篇幅所限不在书中展示，在两棵子树中找到2015年12月11日这一层，每棵子树在这一层有10个节点，两棵子树共20个节点，代表着05国债在2015年12月11日由于利率变化而产生的20种可能的价格，形成05国债在期货最后交割日的价格分布。通过应计利息和转换因子计算后，子树1、子树2中的模型期货价格见表7-3、表7-4。

表7-3 以11月2日为起点的子树1中最后交割日模型期货价格

单位：元	债券1	债券2	债券3	债券4	债券5	债券6	债券7
利率情形1	100.255	100.465	100.455	100.400	100.339	100.311	100.305
利率情形2	100.256	100.465	100.456	100.400	100.339	100.312	100.305
利率情形3	100.257	100.466	100.456	100.401	100.340	100.312	100.306
利率情形4	100.257	100.467	100.457	100.401	100.341	100.313	100.307
利率情形5	100.258	100.467	100.458	100.402	100.341	100.314	100.307
利率情形6	100.259	100.468	100.458	100.402	100.342	100.314	100.308
利率情形7	100.259	100.468	100.459	100.403	100.342	100.315	100.309
利率情形8	100.260	100.469	100.459	100.403	100.343	100.315	100.309
利率情形9	100.260	100.469	100.460	100.404	100.344	100.316	100.310
利率情形10	100.261	100.470	100.460	100.405	100.344	100.317	100.310
单位：元	债券8	债券9	债券10	债券11	债券12	债券13	债券14
利率情形1	100.214	100.412	100.331	100.263	100.232	100.146	100.388
利率情形2	100.215	100.412	100.331	100.263	100.233	100.147	100.389
利率情形3	100.216	100.413	100.332	100.264	100.234	100.147	100.389
利率情形4	100.216	100.413	100.332	100.265	100.234	100.148	100.390
利率情形5	100.217	100.414	100.333	100.265	100.235	100.149	100.390
利率情形6	100.218	100.414	100.333	100.266	100.235	100.149	100.391
利率情形7	100.218	100.415	100.334	100.266	100.236	100.150	100.392
利率情形8	100.219	100.415	100.335	100.267	100.237	100.151	100.392
利率情形9	100.220	100.416	100.335	100.268	100.237	100.151	100.393
利率情形10	100.220	100.416	100.336	100.268	100.238	100.152	100.393

表 7-4 以 11 月 2 日为起点的子树 2 中最后交割日模型期货价格

单位：元	债券 1	债券 2	债券 3	债券 4	债券 5	债券 6	债券 7
利率情形 1	100.275	100.481	100.472	100.417	100.357	100.330	100.324
利率情形 2	100.276	100.482	100.473	100.417	100.358	100.331	100.325
利率情形 3	100.276	100.482	100.473	100.418	100.359	100.331	100.325
利率情形 4	100.277	100.483	100.474	100.419	100.359	100.332	100.326
利率情形 5	100.277	100.483	100.474	100.419	100.360	100.333	100.327
利率情形 6	100.278	100.484	100.475	100.420	100.360	100.333	100.327
利率情形 7	100.279	100.484	100.476	100.420	100.361	100.334	100.328
利率情形 8	100.279	100.485	100.476	100.421	100.361	100.335	100.329
利率情形 9	100.280	100.485	100.477	100.421	100.362	100.335	100.329
利率情形 10	100.281	100.486	100.477	100.422	100.363	100.336	100.330
单位：元	债券 8	债券 9	债券 10	债券 11	债券 12	债券 13	债券 14
利率情形 1	100.234	100.428	100.348	100.281	100.252	100.166	100.405
利率情形 2	100.235	100.428	100.349	100.282	100.252	100.167	100.405
利率情形 3	100.235	100.429	100.349	100.282	100.253	100.167	100.406
利率情形 4	100.236	100.429	100.350	100.283	100.254	100.168	100.406
利率情形 5	100.237	100.430	100.350	100.283	100.254	100.169	100.407
利率情形 6	100.237	100.430	100.351	100.284	100.255	100.169	100.407
利率情形 7	100.238	100.431	100.351	100.285	100.256	100.170	100.408
利率情形 8	100.239	100.431	100.352	100.285	100.256	100.170	100.408
利率情形 9	100.239	100.432	100.353	100.286	100.257	100.171	100.409
利率情形 10	100.240	100.433	100.353	100.286	100.257	100.172	100.409

在子树 1、子树 2 的模型期货价格分布中确定各个利率情形下最低的模型期货价格，所对应的债券即为该种情况下的最便宜可交割券，该模型期货价格即为该种情况下最后交割日国债期货的价格。

从表 7-3、表 7-4 中可见，子树 1、子树 2 中所预测的价格最低的债券为债券 13，也即是 2014 年记账式附息（三期）国债（以下简称"14 国债"）。也就是说，本模型预测，在最后交割日中，各个可能的利率变化情形下，"14 国债"均为最便宜可交割券。利用 2015 年 11 月 2 日利率期限结构计算得定价日当天的最便宜可交割券也为"14 国债"，各可交割债券的转换期货价格见表 7-5。在最后交割日，交割期权价值等于最后交割日期货价格乘以转换因子减去之前定价日决定的最便宜可交割券的交割日价格。每种利率情况下最后交割日最便宜可交割券和定价日最便宜可交割券均为"14 国债"，则每种利率情况的交割期权价值为零，因此在这个实例中，定价日 2015 年 11 月 2 日的交割期权的价值计算为零。这也意味着本模型预测从 2015 年 11 月 2 日到最后交割日 2015 年 12 月 11 日最便宜可交割券变化的可能性较小，随着时间推移，预测最后交割日的最便宜可交割券应仍为"14 国债"。

表 7-5　2015 年 11 月 2 日实际最便宜可交割券

国债名称	净价（元）	转换因子（元）	模型期货价格（元）
2005 年记账式（十二期）国债	103.368	1.030	100.406
2010 年记账式附息（二期）国债	102.268	1.017	100.588
2010 年记账式附息（七期）国债	102.004	1.014	100.576
2010 年记账式附息（十二期）国债	101.548	1.010	100.513
2010 年记账式附息（二十四期）国债	101.665	1.012	100.450
2010 年记账式附息（三十一期）国债	101.702	1.013	100.427
2010 年记账式附息（三十四期）国债	103.461	1.030	100.457
2011 年记账式附息（二期）国债	104.800	1.044	100.383
2013 年记账式附息（三期）国债	102.132	1.016	100.533
2013 年记账式附息（八期）国债	101.597	1.012	100.442
2013 年记账式附息（十五期）国债	102.329	1.019	100.391
2013 年记账式附息（二十期）国债	105.177	1.047	100.417
2014 年记账式附息（三期）国债	107.068	1.067	100.354
2015 年记账式附息（三期）国债	101.696	1.012	100.500

2. 定价日为2015年3月16日

在直觉上，离最后交割日越近，最便宜可交割券变化的可能性越小。而对于离最后交割日较远的时点，之后的时间里最便宜可交割券发生变化的可能性相较之下更大。因此本部分选择离最后交割日较远的某个时点，检验交割期权的价值和模型预测的最终最便宜可交割券是否仍然与最终的历史结果相同。

首先，通过定价日当天的利率期限结构计算当天的最便宜可交割券，结果见表 7-6。2010 年记账式附息（三十一期）国债为当天的最便宜可交割券。

表 7-6　2015 年 3 月 16 日的最便宜可交割券

国债名称	净价（元）	转换因子（元）	模型期货价格（元）
2005 年记账式（十二期）国债	101.352	1.030	98.448
2010 年记账式附息（二期）国债	100.297	1.017	98.650

续表

国债名称	净价（元）	转换因子（元）	模型期货价格（元）
2010年记账式附息（七期）国债	99.966	1.014	98.566
2010年记账式附息（十二期）国债	99.421	1.010	98.407
2010年记账式附息（二十四期）国债	99.510	1.012	98.321
2010年记账式附息（三十一期）国债	99.545	1.013	98.297
2010年记账式附息（三十四期）国债	101.448	1.030	98.503
2011年记账式附息（二期）国债	102.893	1.044	98.556
2013年记账式附息（三期）国债	100.138	1.016	98.571
2013年记账式附息（八期）国债	99.495	1.012	98.363
2013年记账式附息（十五期）国债	100.241	1.019	98.343
2013年记账式附息（二十期）国债	103.291	1.047	98.617
2014年记账式附息（三期）国债	105.329	1.067	98.724
2015年记账式附息（三期）国债	99.631	1.012	98.459

与前面处理相同，我们首先以一个月为步长构建BDT利率二叉树，选取从2015年3月16日到2021年2月16日共72个节点得到利率树。通过该BDT利率二叉树，对各个可交割债券进行现金流折现，由此每只债券获得一个月为步长的价格树（以下简称母树），共14棵母树。

为了获得最后交割日的价格分布，我们需要在2015年11月16日和2015年12月16日两个时间节点之间的母树上嵌入子树。注意到在本母树中，上述两个需要嵌入子树的时间节点分别在第9层和第10层，因此实际上在每棵母树上共需嵌入9棵子树。最后交割日在各个子树的第26层，因此每棵子树在最后交割日的债券价格分布包含26种情形。每只债券价格树（母树）包含9棵子树，因此每只债券在最后交割日的价格分布包含234种情形。将该分布中的价格转化为净价，再除以转换因子，得到该只债券为最便宜可交割券的模型期货价格。将234种情形中的14只债券分别指向的模型期货价格进行横向对比，选出14只债券中模型期货价格最低者成为该种情形下的最终最便宜可交割券，该模型期货价格即为该种利率情形下的期货价格。将该价格分布减去2010年记账式附息（三十一期）国债在最后交割日对应的期货价格，乘以2010年记账式附息（三十一期）国债的转换因子，得到交割期权价值分布。

通过子树的日利率先将该交割期权的分布折现到BDT利率二叉树的2015年11月16日的节点上，再通过BDT利率二叉树将其折现至定价日。

利用 BDT 利率二叉树进行折现的过程具体见图 7-7。由此，得到定价日 2015 年 3 月 16 日的交割期权价值为 0.2199 元（国债期货标准券的面值为 100 元）。

```
                                                                    0.2455
                                                            0.2421
                                                    0.2388          0.2400
                                            0.2355          0.2367
                                    0.2322          0.2334          0.2346
                            0.2290          0.2301          0.2313
                    0.2260          0.2271          0.2281          0.2292
            0.2230          0.2241          0.2251          0.2260
   0.2199          0.2211          0.2223          0.2234          0.2239
            0.2180          0.2192          0.2205          0.2220
                    0.2161          0.2173          0.2187          0.2212
                            0.2140          0.2152          0.2167
                                    0.2117          0.2128          0.2132
                                            0.2093          0.2101
                                                    0.2069          0.2080
                                                            0.2048
                                                                    0.2027
```

图 7-7 交割期权从 2015 年 11 月 16 日节点起用 BDT 利率二叉树折现至定价日

另外，注意到在最后交割日期货价格分布中，共包括 234 种利率变化的可能情形。在每种情形中，能够确定当利率变化到该种情形，所对应的最便宜可交割券。在 234 种利率情况中，2014 年记账式附息（三期）国债（即"14 国债"）均为最便宜可交割券。

在价格分布中占比例最大的"14 国债"确实为最后交割日的实际最便宜可交割券，最后交割日实际最便宜可交割券的计算见表 7-6。由表 7-6 可知，不包含交割期权的国债期货价格为 98.297 元。交割期权价值为 0.2199 元，因此，包含交割期权价值的国债期货价格为 98.077 元。当天市场收盘价为 98.992 元。价格的差异可能是由于市场的其他因素例如国债期货流动性所导致的。虽然本模型计算出的包含交割期权价值的国债期货价格比不包含交割期权的国债期货价格相比市场价相差更大，然而二者的差值实际上较小。

3. 定价日为2015年7月16日

与 2015 年 3 月 16 日的做法完全相同，我们得到 2015 年 7 月 16 日的交割期权价值为 0.0871 元，不包含交割期权的国债期货价格为 98.914 元，因此包含交割期权国债期货的价值为 98.827 元。而 2015 年 7 月 16 日 TF512 的市场收盘价为 98.865 元。本模型计算出的期货价格相比不通过本模型计算的基准期货价格（即不包含交割期权的国债期货价格）更加接近市场价。

表 7-7 交割月之前的交割期权价值   单位：元

定价日	2015年3月16日	2015年7月16日	2015年11月12日
交割期权价值	0.220	0.087	0
不含交割期权的国债期货	98.297	98.914	100.354
包含交割期权的国债期货	98.077	98.827	100.354
市场收盘价	98.992	98.865	—

从表7-7中，我们也可以看出，距离交割日越远，交割期权的价值越大，这可以理解为随着交割日的到来，期货空头方更换债券进行交割的概率变低，这一"更换"权利更不会被执行，故交割期权价值降低。

7.3.3 交割当月的交割期权价值

本模型除了可以用于研究交割月之前的交割期权价值，也可以用于研究进入交割月之后，交割期权的价值以及对最终最便宜可交割券的预测。在本部分，选取 2015 年 12 月 1 日作为定价日（进入 TF1512 合约交割月的第一天）进行研究。与 7.3.2 中方法相同，首先用 2015 年 12 月 1 日的利率期限结构构建以一个月为步长的 BDT 利率二叉树，从而得到 14 只可交割债券对应的 14 棵价格树（母树）。母树的第 1 层时间节点为 2015 年 12 月 1 日，第 2 层时间节点为 2016 年 1 月 1 日，因此子树在第 1 层和第 2 层中嵌入。此时，每棵母树只需要嵌入 1 棵子树。最终，在子树中，最后交割日处在第 11 层，因此该日的价格分布共包括 11 种情形，具体见表 7-8。

从该价格分布中得出，在 11 种可能的利率变化情形中，"14 国债"均为最终的最便宜可交割券。而通过 2015 年 12 月 1 日的利率期限结构可知，定价日当天的最便宜可交割券为"14 国债"。因此在 2015 年 12 月 1 日，交割期权价值为零。本模型预测的最终最便宜可交割券与最终实际 CTD 为"14 国债"的情况相符。

上述分析表明，本模型在进入交割月后的时间中对交割期权的定价及通过价格分布对最终最便宜可交割券的预测与实际情况是相符的。

表 7-8 2015 年 12 月 1 日为定价日的最后交割日价格分布

单位：元	情形 1	情形 2	情形 3	情形 4	情形 5	情形 6	情形 7	情形 8	情形 9	情形 10	情形 11
2005 年记账式（十二期）国债	100.402	100.403	100.404	100.404	100.405	100.406	100.406	100.407	100.408	100.409	100.409
2010 年记账式附息（二期）国债	100.473	100.473	100.474	100.474	100.475	100.475	100.476	100.477	100.477	100.478	100.478
2010 年记账式附息（七期）国债	100.492	100.492	100.493	100.493	100.494	100.495	100.495	100.496	100.496	100.497	100.498
2010 年记账式附息（十二期）国债	100.453	100.454	100.454	100.455	100.455	100.456	100.457	100.457	100.458	100.458	100.459
2010 年记账式附息（二十四期）国债	100.436	100.437	100.437	100.438	100.439	100.439	100.440	100.441	100.441	100.442	100.443
2010 年记账式附息（三十一期）国债	100.442	100.443	100.444	100.444	100.445	100.446	100.446	100.447	100.448	100.448	100.449
2010 年记账式附息（三十四期）国债	100.452	100.452	100.453	100.454	100.454	100.455	100.456	100.456	100.457	100.458	100.458
2011 年记账式附息（二期）国债	100.383	100.384	100.385	100.385	100.386	100.387	100.388	100.388	100.389	100.390	100.390
2013 年记账式附息（三期）国债	100.420	100.421	100.422	100.422	100.423	100.423	100.424	100.424	100.425	100.426	100.426
2013 年记账式附息（八期）国债	100.384	100.385	100.386	100.386	100.387	100.387	100.388	100.389	100.389	100.390	100.390
2013 年记账式附息（十五期）国债	100.343	100.344	100.344	100.345	100.346	100.346	100.347	100.348	100.348	100.349	100.349
2013 年记账式附息（二十期）国债	100.378	100.378	100.379	100.380	100.381	100.381	100.382	100.383	100.383	100.384	100.385
2014 年记账式附息（三期）国债	100.313	100.314	100.314	100.315	100.316	100.317	100.317	100.318	100.319	100.319	100.320
2015 年记账式附息（三期）国债	100.398	100.398	100.399	100.400	100.400	100.401	100.401	100.402	100.402	100.403	100.404

7.4 结 论

利用 BDT 利率二叉树及嵌入子树的方法能够有效对国债期货及其交割期权定价，且该模型在最终交割日形成的价格分布能够帮助预测新的最便宜可交割券。在实证研究部分，我们选取了 TF1512 合约在交割月之前及进入交割月的情形分别研究。在离交割月较远的时间，交割期权具有较明显的价值。在离交割月一个月及进入交割月第一天的实证分析中，交割期权价值为零。

实证结果同样表明，交割期权作为空头方的一种权利，在时间较长、不确定性较大的前提下可以显著地增加期权的价值。而度量这种利率变化带来的不确定性的一个较为准确的方法就是二叉树模型，其通过将未来利率预期简单地划分为"上升"与"下降"两种状态来刻画未来的利率走势，通过选取不同的"步长"来达到所需要的模型精度，这也是离散情况下分析利率的根本思路。当"步长"趋于零时，离散模型转化为连续型模型。通过嵌入子树、增加节点个数的方式可以刻画交割月期间更细致的利率变化，进而提高模型的准确度，更加精准地对交割期权和期货本身进行定价。

我们以四个定价点为例，可以看出，模型对国债期货包含交割期权时的定价与实际市场价十分接近。在 2015 年 7 月 16 日的定价中，本模型计算出的国债期货价格相比不利用本模型而采用简单假设计算出的国债期货价格更加接近市场价。这表明模型所计算的国债期货价格能较为有效地反映包含交割期权的国债期货真实价值。因此，模型对投资者利用国债期货进行套期保值以及风险对冲中计算对冲比例方面具有一定的参考意义。

参 考 文 献

[1] Ilmanen, A. Market's Rate Expectations and Forward Rates. Understanding the Yield Curve [D]. Working Paper, 1995a.

[2] Fama, E., & Bliss, R. The Information in Long-Maturity Forward Rates[J]. *The American Economic Review*, 1987, 77(4): 680-692.

[3] Campbell Y. J. Some Lessons from the Yield Curve. National Bureau of Economic Research [D]. Working Paper, 1995.

[4] Campbell Y. J., & Shiller, R. J. Yield Spreads and Interest Rate Movements: A Bird's Eye View [J]. *Review of Economics Studies*, 1991, pp. 495-514.

[5] Ilmanen, A. Does Duration Extension Enhance Long-Term Expected Returns?. Understanding the Yield Curve [D]. Working Paper, 1995.

[6] Ilmanen, A. Convexity Bias and the Yield Curve. Understanding the Yield Curve [D]. Working Paper, 1995.

[7] Ilmanen, A.Time-varying expected returns in international bond markets [J]. *The Journal of Finance*, 1995c, 50(2): 481-506.

[8] lmanen, A. Forecasting US bond returns [J]. *The Journal of Fixed Income*, 1997, 7(1): 22.

[9] Koenigsberg, M., Showers, J., & Streit, J. The term structure of volatility and bond option valuation [J]. *The Journal of Fixed Income*, 1991, 1(2): 19-35.

[10] Black, F., Derman, E., & Toy, W. A one-factor model of interest rates and its application to treasury bond options [J]. *Financial Analysts Journal*, 1990, 46(1): 33-39.

推荐阅读

[1] 丁志国，徐德财，陈浪南. 利率期限结构的动态机制：由实证检验到理论猜想 [J]. 管理世界，2014(5)：36-51.

[2] 黄德权，苏国强. 基于 Nelson-Siegel 模型的中国利率期限结构实证研究 [J]. 金融理论与实践，2016(8)：12-17.

[3] 李彪，杨宝臣. 基于远期利率分解技术的三因子 HJM 模型研究 [J]. 管理科学学报，2008，11(6)：112-121.

[4] 李宏瑾. 利率期限结构的远期利率预测作用——经期限溢价修正的预期假说检验 [J]. 金融研究，2012(8)：97-110.

[5] 刘成立，周新苗. 国债期货对国债收益率曲线动态的影响 [J]. 商业研究 2017(5).

[6] 邱峰. 我国国债收益率曲线研究 [J]. 金融纵横，2014(6)：24-29.

[7] 牛霖琳，林木材. 中国超长期国债的相对流动性溢价与收益率曲线的结构性建模 [J]. 金融研究，2017(4)：21-35.

[8] 王亚男，金成晓. 我国国债市场利率期限结构的预期理论检验 [J]. 财政研究，2011 (2)：46-48.

[9] 王一鸣，李剑峰. 我国债券市场收益率曲线影响因素的实证分析 [J]. 金融研究，2005(1)：111-124.

[10] 徐斌. 我国国债市场债券凸性价值的测量 [J]. 中国证券期货，2010(7)：41-43.

[11] 杨宝臣，张涵. 中国债券市场时变风险溢价——远期利率潜在信息 [J]. 管理科学，2016，29(6)：2-16.

[12] 杨伟芳. 债券投资利率风险管理研究 [J]. 经济问题，2009(6)：121-123.

[13] 曾耿明. 中国国债期货定价研究——基于交割期权修正方法 [J]. 证券市场导报，2015(10)：36-40.

[14] 朱俊磊. 远期利率的期限结构分析及应用 [J]. 债券，2017(10)：41-44.

[15] 朱世武，陈健恒. 利率期限结构理论实证检验与期限风险溢价研究 [J]. 金融研究，2004(5)：78-88.

[16] 朱世武，陈健恒. 基于预测利率期限结构变动的债券投资策略实证研究 [J]. 金融理论与实践，2006(10)：7-9.

[17] 朱世武，陈健恒. 积极债券投资策略实证研究 [J]. 统计研究，2006, 23(3)：56-60.

[18] 周生宝，王雪标，郭俊芳. 基于超额回报预测因子的远期利率曲线精确分解 [J].

统计与决策, 2015(7): 66-68.

[19] Afonso, A., & Martins, M. M. (2012). Level, slope, curvature of the sovereign yield curve, and fiscal behaviour[J]. *Journal of Banking and Finance*, 36(6), 1789-1807.

[20] Altavilla, C., Giacomini, R., & Ragusa, G. (2017). Anchoring the yield curve using survey expectations[J]. *Journal of Applied Econometrics*, 32(6), 1055-1068.

[21] Ang, A., Bekaert, G., & Wei, M. (2007). Do macro variables, asset markets, or surveys forecast inflation better?[J]. *Journal of Monetary Economics*, 54(4), 1163-1212.

[22] Ang, A., Piazzesi, M., & Wei, M. (2006). What does the yield curve tell us about GDP growth?[J]. *Journal of Econometrics*, 131(1-2), 359-403.

[23] Barber, J. R., & Copper, M. L. (1997). Is bond convexity a free lunch?[J]. *Journal of Portfolio Management*, 24(1), 113.

[24] Boyle, P. P. (1989). The quality option and timing option in futures contracts[J]. *The Journal of Finance*, 44(1), 101-113.

[25] Campbell, J. Y. (1995). Some lessons from the yield curve[J]. *Journal of Economic Perspectives*, 9(3), 129-152.

[26] Campbell, J. Y., & Shiller, R. J. (1991). Yield spreads and interest rate movements: A bird's eye view[J]. *The Review of Economic Studies*, 58(3), 495-514.

[27] Cochrane, J. H., & Piazzesi, M. (2009). Decomposing the yield curve[D]. In AFA 2010 Atlanta Meetings Paper.

[28] Cooper, I., & Priestley, R. (2008). Time-varying risk premiums and the output gap[J]. *The Review of Financial Studies*, 22(7), 2801-2833.

[29] Cox, J. C., Ingersoll Jr, J. E., & Ross, S. A. (1985). An intertemporal general equilibrium model of asset prices[J]. *Econometrica*, 363-384.

[30] Culbertson, J.M. (1957). The term structure of interests rates[J]. *Quarterly Journal of Economics*, 485-517.

[31] Diebold, F. X., Ji, L., & Li, C. (2006). A three-factor yield curve model: non-affine structure, systematic risk sources, and generalized duration[J]. *Macroeconomics, Finance and Econometric*, 1, 240-274.

[32] Diebold, F. X., & Li, C. (2006). Forecasting the term structure of government bond yields[J]. *Journal of Econometrics*, 130(2), 337-364.

[33] Fama, E. F. (1984). The information in the term structure[J]. *Journal of Financial Economics*, 13(4), 509-528.

[34] Fama, E. F. (1984). Term premiums in bond returns[J]. *Journal of Financial Economics*, 13(4), 529-546.

[35] Faust, J., & Wright, J. H. (2011). Efficient prediction of excess returns[J]. *Review of Economics and Statistics*, 93(2), 647-659.

[36] Friedman, B. M. (1979). Interest rate expectations versus forward rates: Evidence from an expectations survey[J]. *The Journal of Finance*, 34(4), 965-973.

[37] Gay, G. D., & Manaster, S. (1984). The quality option implicit in futures contracts[J]. *Journal of Financial Economics*, 13(3), 353-370.

[38] Grantier, B. J. (1988). Convexity and bond performance: The benter the better[J]. *Financial Analysts Journal*, 44(6), 79-81.

[39] Hautsch, N., & Ou, Y. (2012). Analyzing interest rate risk: Stochastic volatility in the term structure of government bond yields[J]. *Journal of Banking and Finance*, 36(11), 2988-3007.

[40] Hemler, M. L. (1990). The quality delivery option in treasury bond futures contracts[J]. *The Journal of Finance*, 45(5), 1565-1586.

[41] Hicks, J.R. (1946). *Value and Capital*[M]. 2nd edition. London: Oxford University Press.

[42] Jitmaneeroj, B., & Wood, A. (2013). The expectations hypothesis: New hope or illusory support?[J]. *Journal of Banking and Finance*, 37(3), 1084-1092.

[43] Jongen, R., Verschoor, W. F., & Wolff, C. C. (2011). Time-variation in term premia: International survey-based evidence[J]. *Journal of International Money and Finance*, 30(4), 605-622.

[44] Kane, A., & Marcus, A. J. (1986). The quality option in the Treasury bond futures market: an empirical assessment[J]. *The Journal of Futures Markets (1986-1998)*, 6(2), 231.

[45] Kane, A., & Marcus, A. J. (1986). Valuation and optimal exercise of the wild card option in the treasury bond futures market[J]. *The Journal of Finance*, 41(1), 195-207.

[46] Koenigsberg, M. (1991). A Delivery Option Model for Treasury Bond Futures[J]. *The Journal of Fixed Income*, 1(1), 75-88.

[47] Margrabe, W. (1978). The value of an option to exchange one asset for another[J]. *The Journal of Finance*, 33(1), 177-186.

[48] Modigliani, F., & Sutch, R. (1966). Innovations in interest rate policy[J]. *The American Economic Review*, 56(1/2), 178-197.

[49] Reisman, H., & Zohar, G. (2004). Short-term predictability of the term structure[J]. *The Journal of Fixed Income*, 14(3), 7-14.

[50] Smit, L., & Swart, B. (2006). Calculating the Price of Bond Convexity[J]. *The Journal of Portfolio Management*, 32(2), 99-106.

[51] Schnabel, J. A. (1990). Is benter better? A cautionary note on maximizing convexity[J]. *Financial Analysts Journal*, 46(1), 78.

[52] Taylor, M. P. (1992). Modelling the yield curve[J]. *The Economic Journal*, 102(412), 524-537.

[53] Thornton, D. L., & Valente, G. (2012). Out-of-sample predictions of bond excess returns and forward rates: An asset allocation perspective[J]. *The Review of Financial Studies*, 25(10), 3141-3168.

[54] Wellmann, D., & Trück, S. (2018). Factors of the term structure of sovereign yield spreads[J]. *Journal of International Money and Finance*, 81, 56-75.

[55] Winkelmann, K. (1989). Uses and Abuses of Duration and Convexity[J]. *Financial Analysts Journal*, 45(5), 72-75.